LUST ~ volle ~ LUST

Band 1

von
Magdalena Almado

Eine Frau, die sich erlaubt, ihre
unbändige Lust
in allen Facetten auszuleben

1. Auflage, Oktober 2014
Erschienen im Assam Media Verlag

Lektorat: Sophia und Aaron

Email: office@assam-media-verlag.at
Facebook: https://www.facebook.com/magdalenaalmado
Webseite: http://www.magdalena-almado.com

ISBN 978-3-9503820-0-6
ISBN epub 978-3-9503820-1-3

LUST ~ volle ~ L UST
ist der erste Band einer Erotischen Trilogie der Autorin, der im Herbst 2014 im Assam Media Verlag erschienen ist.

Nach Veröffentlichung aller drei Bände
LUST ~ volle ~ LIEBE *(Band 2)*
LUST ~ volles ~ LEBEN *(Band 3)*

werden ihr autobiografischer Roman mit dem Titel
Überlebt, um zu LEBEN
sowie ein Band mit ***Lyrischer Prosa*** folgen.

Zu diesem Buch

Magdalena ist eine lustvolle Frau, die wieder einmal ungezügelt all ihren Fantasien freien Lauf lassen und sich hemmungslos ihrer Leidenschaft hingeben möchte…

Ich musste mir keine Konstrukte aufbauen, um mich als anständige Frau zu erleben, ich musste mich für nichts verurteilen, schon gar nicht, wenn ich meine Lust in ihrer exzessivsten Form leben wollte. Kurze Zeit danach geschah es dann, dass jener Mann auftauchte, der mir das ermöglichen sollte und mir den Weg in die absolute sexuelle Befreiung auf allen Ebenen eröffnete.

Ich tauchte ein in eine Welt, in der all meine unbändige Lust gelebt werden durfte, ohne dass ich mich auch nur im Geringsten als Hure oder Schlampe fühlte.

Ich genoss und genieße und werde noch vieles genießen, ich bin trotz all meiner Erfahrungen ein unglaublich lustvolles Weib geblieben und genieße Sex in jeglicher Form - in ungezügelter Hemmungslosigkeit und manches Mal ebenso in absoluter Stille und im bloßen Sein. Es ist die Vielfalt, die ich mir zu leben erlaube.Einschränkungen machen wir uns immer nur selber.

In diesem Band möchte ich die Vielfalt der Lust und Ekstase aufzeigen und vermitteln, dass eine Frau nach einem sexuell sehr intensiven Leben, in dem sie durch eine Vielzahl unterschiedlichster sexueller Erfahrungen gegangen ist, ein nochmals wirkliches Zulassen aller Facetten lustvoll gelebter Sexualität erlebt.

Doch das, wonach ihr Herz sich wirklich sehnt, ist etwas viel Tieferes…

Über die Autorin

Magdalena Almado, die ursprünglich als Juristin tätig war, ist ihrer Passion gefolgt, und nun als Ausdruckstänzerin und Autorin mit diesem Pseudonym, eine Frau, die sich dem künstlerischen Weg verschrieben hat.

Die Autorin lebt derzeit in Österreich - genauer gesagt mitten im Zentrum der wunderschönen Stadt Salzburg.
Ihre Begegnung mit einem außergewöhnlichen Liebhaber, und ihre große Sehnsucht nach einer erfüllten Liebe mit dem Mann ihres Herzens, waren schließlich Auslöser, Highlights ihres eigenen Lebens, die eine Verwebung gelebter Realität mit Fantasien, Sehnsüchten, Gedanken und Visionen darstellen, in einer *Erotischen Trilogie* niederzuschreiben.

Ihre größte Vision ist es, Menschen auf vielfache Weise zu berühren - durch ihre Worte, ihren Tanz, ihre Coachings und Workshops - und gemeinsam mit ihrem zukünftigen Mann eine *geheiligte Partnerschaft* an einem schönen Platz am Meer - oder wo auch immer - zu leben, um mit ihm in einem von ihnen errichteten *Zentrum der achtsamen Begegnung* Menschen zu einem *friedvollen Dasein* auf Erden und zu einem *in LUST und LIEBE gelebten LEBEN* zu begleiten.

Für einen Liebhaber,

einen Geliebten,

in Dankbarkeit

für meine Befreiung

von allen alten Beschränkungen

Inhalt

Einleitung

Ich erlaube mir, mit diesen einleitenden Worten zu meiner Trilogie zu bemerken, dass in so manch prüder oder urteilender Vorstellung das Gefühl entstehen könnte, es seien vor allem im ersten Band zu viele „dirty words“ oder doch ziemlich ungeschönte Ausdrücke sexuellen Erlebens und unserer Geschlechtsorgane verwendet worden. Für einige Leser könnte dadurch ein Bild von pornografischer Ausdrucksweise entstehen, und damit womöglich Ablehnung hervorgerufen werden. Es ist doch leider so, dass es beinahe alle Menschen leben, oder gerne leben würden, aber es nicht wagen, offen darüber zu sprechen oder zu dem zu stehen, was in allen von uns steckt - ein ungebändigtes, lustvolles, animalisches Wesen.
Somit ermutige ich all jene, die lieber verurteilen, als zu hinterfragen und tiefer zu blicken, schon jetzt diesen ersten Band zur Seite zu legen - er könnte Sie womöglich mit Peinlichkeit und Scham berühren.

All jenen jedoch, die offen sind, sich der Fülle der Möglichkeiten zu stellen, möchte ich nun den tieferen Sinn meiner Trilogie zum Ausdruck bringen, da ich mir wünsche, mit meinen Büchern, Menschen Botschaften zu vermitteln, die meines Erachtens diesen Lebensschauplatz für uns alle zu einem lustvolleren, glücklicheren und bewussteren werden lassen.

So leite ich von meinem ersten Band ***LUST ~ volle ~ LUST***, in dem es um wirklich ungezügelte und ungehemmte Sexualität geht, in der ich bewusst oftmals auf eine Beschönigung der Wortwahl verzichte - obwohl mir das empfohlen wurde - zu meinem zweiten Band über, der von reinem wilden Sex zu vielen neuen Möglichkeiten wahrer Ekstase führt. Durch dessen Titel ***LUST ~ volle ~ LIEBE*** möchte ich auf eine tiefe lustvolle Liebesgeschichte hinweisen, in der ein Paar durch neue in Liebe gelebte Erfahrungen seiner Lust geführt wird und damit Sex zu einer wahrhaft ganzheitlich erfüllenden und *geheiligten* Begegnung werden darf, in der Menschen schon hier auf Erden wahre Einheit in der Verbindung von Mann und Frau erleben.

Jenes Paar aus dem zweiten Band wird in Folge, durch die selbst erfahrenen und gelebten Transformationsprozesse in seiner Beziehung, ein sich tief liebendes Ehepaar, das alleine durch seine gelebte Liebe anderen Paaren zur Veränderung verhilft. Die beiden sehen ihren Lebensauftrag darin - in jenem dritten Band ***LUST ~ volles ~ LEBEN*** - das Leben vieler anderer in einer Weise zu berühren, die uns Menschen ermöglicht, schon hier auf dieser

Erde das Paradies zu erschaffen, in dem wir in wahrhaft erfüllter *LUST und LIEBE Einheit LEBEN.*
Und immer ist ALLES, was beide genießen, in einer lustvollen Liebe erlaubt und möglich, gelebt zu werden!

Ich freue mich, jenen Lesern, die sich nicht vom ersten Band abschrecken lassen, in weiterer Folge eine Liebes- und Lebensgeschichte anbieten zu können, die möglicherweise nicht nur ihre Lust, sondern auch ihre Herzen berühren mag und ihnen neue Tore lustvoll gelebter Liebe eröffnen kann.

Dennoch besteht auch die Möglichkeit mit jedem der drei Bände eine jeweils in sich abgeschlossene Geschichte in Händen zu haben.

Vorgeschichte

Eigentlich komme ich ursprünglich aus dem Genre der *mystischen, spirituellen „Lyrischen Prosa"*. In einem nächsten Schritt habe ich meinen *autobiografischen Roman* mit dem Titel ***Überlebt, um zu LEBEN*** geschrieben, der die Geschichte von Alma Magdalena beinhaltet, die irgendwann in ferner Zukunft als bewusste, weise Frau in das *Reich Gottes* zurückkehren wird, nachdem sie in dieser einen Lebensspanne wirklich alles Undenkbare und Denkbare erlebt und letztendlich ihren Lebensauftrag erfüllt hat.
Nun bin ich in einem *ganz anderen Genre* gelandet, in dem ich mir bis vor Kurzem nicht einmal ansatzweise hätte vorstellen können, Geschichten zu schreiben. Ich hätte all das auf diesen Seiten von mir Geschriebene als ordinär und ekelhaft abgetan, ich, jene Frau, die auf ihrem spirituellen Weg doch nur mehr *tantrische Sexualität* leben wollte und das auch schon seit vielen Jahren bevorzugt getan hatte.
So scheint das Leben für uns immer wieder neue Überraschungen bereit zu halten.
Meine Inspiration zu diesem ersten Band kam durch einen Mann, der überraschenderweise in meinem Leben aufgetaucht ist, und mit dem ich nun eine ganz aufregende Form vollkommen freier, ungezügelter und lustvoller Sexualität erleben durfte - drei Monate lang, in wenigen

aber umso intensiveren Begegnungen. Nach dieser leidenschaftlichen Liaison gab ich meinem Leben eine neue Wendung.
Ich reiste für sechs Monate auf eine karibische Insel in Mexiko, die *Isla Mujeres*, um endlich *meinen Weg* zu finden und *mein Leben* zu leben.

Durch meine Lebensgeschichte ist das *Thema Sexualität* etwas, das sich seit meinen Kleinkindjahren als roter Faden durch dieses Leben zieht.
Begonnen hat alles damit, dass ich schon seit frühester Kindheit für viele Jahre durch meinen Vater sexuellen Missbrauch erlebte, was für mich bedeutete, dass der erste und wichtigste Mann für ein Kind, vor allem für ein Mädchen, in mir auslöste, schon ganz früh *Liebe und Sexualität* zu verknüpfen. *Nur wenn ich Sex gebe, werde ich geliebt*, war das Muster, das sich mir einprägte und das ich erst Jahrzehnte später erkennen und erlösen sollte. Noch dazu war mein Vater ein bildschöner Mann, keiner der Ekel oder Abscheu in einer Frau auslösen würde. Das prägte somit auch schon in jungen Jahren mein Gefühl für Ästhetik. Ich hatte offensichtlich eine unglaubliche Macht über ihn, war ich doch schon damals scheinbar die *beste Geliebte* für einen Mann, noch dazu für einen, dem die Frauen scharenweise zuflogen. *Er wollte offenbar mich.* Möglicherweise hatte ich dabei tatsächlich Lust empfunden, die ich mir nie eingestehen konnte und die in der Folge

natürlich die Schuldgefühle noch vertiefte. Das wirklich Schlimmste an diesem ganzen Erleben war jedoch, von ihm immer wieder als *Schlampe* und *Hure* bezeichnet zu werden, was natürlich in späteren Jahren in mir die Meinung erzeugte, dass ich bei lustvoll gelebten Sex automatisch eine Solche sein müsste. Vor allem führte eine ganz ekelhafte Erfahrung, die mir mit 16 Jahren widerfahren ist, mich dazu, mich beim Sex immer irgendwann von jedem Mann missbraucht zu fühlen, wodurch ich auch bei keinem bleiben konnte. Mein Vater hatte mich auf einer gemeinsamen Reise nach Ägypten irgendwann unter Schlaftabletten versetzt und alles, was danach geschehen war, blieb nur in diffuser Erinnerung. Ich vermute, er wollte mich tatsächlich *zur Hure machen*, indem er mich einem anderen Mann überließ. Das grausige Bild, das sich mir einprägte, zeigte mir verschwommen einen dicken, gesichtslosen Mann unter mir.

Mein Vater war immer schon der Meinung, *alle Frauen seien Huren und Schlampen.*

So wurde mein Werdegang in der Sexualität geprägt.

Auf dieser Ägyptenreise bekam ich meine erste Blutung - danach hatte er von mir abgelassen, weil ich nun doch ein *äußeres Zeichen* dieser *kranken Beziehung* empfangen hätte können - ein Kind. Nicht wirklich konnte er von mir lassen - ich musste mich noch einer Operation unterziehen, bei der mir meine inneren

Schamlippen weggeschnitten wurden. Es sollte eine *Schönheitsoperation* sein, wie mir eingeredet wurde. Eine Korrektur meiner Brüste verhinderte eine Ärztin. Er wollte mich offensichtlich zur perfekten Barbie-Puppe gestalten lassen.
Später versuchte mein Vater immer wieder über meine Ex-Partner Details meines Sexualverhaltens zu erfahren.

Ich hatte das Glück, dennoch keine Abscheu vor Sex zu bekommen, sondern eher - nach einer missglückten Ehe, die sicher auch daran gescheitert war, dass dieses Thema unverarbeitet in mir schlummerte - das Gefühl *extreme Sexualität* leben zu wollen. Dazu hatte auch ein Therapeut beigetragen, der mich nach meiner Scheidung als Liebhaber in alle Details der „technisch gelebten" Sexualität eingeführt hatte. Durch jene Extremform, in der ich Sex mit ihm praktiziert hatte, wurde ich letztendlich *orgasmus-süchtig*. Es endete damit, dass ich mir beim Sex selbst Metallketten um den Hals legte und mir damit die Luft nahm, bis ich zum Orgasmus kam.
Nach meiner Trennung von diesem Mann lebte ich exzessive Sexualität, die offensichtlich eine unbewusste Rache an meinem Vater darstellen sollte, weil ich es nicht ertragen konnte, wenn ein Mann mir nicht für all meine geforderten Orgasmen zur Verfügung stehen konnte. In manchen Momenten überlegte ich sogar,

Prostituierte zu werden. Nun benutzte ich die Männer, um glücklicherweise sehr schnell zu erkennen, dass den größten Schaden dadurch nur ich selbst erlitt. Ich spürte mich nicht mehr, verachtete und verurteilte mich für diese Abhängigkeit von Sex und Orgasmen und war verzweifelt in meiner Getriebenheit.

In dieser Zeit begann mein spiritueller Weg und mit ihm der Beginn der Aufarbeitung all des in meiner Kindheit Geschehenen. Ich erlebte damit auch in der Sexualität einen Wandel - vom Grauen davor bis hin zur Erkenntnis, dass ich nur mehr *heilige Sexualität* leben wollte, die sich mir durch den *Weg des Tantra* zu eröffnen schien. Ohne jemals irgendwelche diesbezüglichen Workshops besucht zu haben, öffnete ich mich unbewusst vollkommen neuen Ebenen des ekstatischen Erlebens. Alles durfte zu dieser Zeit bloß *rituell* und nur in tiefer *Herzensverbindung* geschehen. Dadurch hatte ich endlich eine Form der Sexualität gefunden, die es mir ermöglichte, mich selbst trotz exzessiver sexueller Begegnungen immer *sauber und unschuldig* fühlen zu können. *Ich machte es doch nur in der Verbindung mit meinem Herzen.* Zumindest beherrschte ich es nun perfekt, mich damit zu entschuldigen und nicht mehr zu verurteilen - es war doch immer nur *in Liebe* geschehen. Worte, wie *ficken, Schwanz, Muschi* u. a. durften in meiner Gegenwart nicht mehr wirklich ausgesprochen werden.

All das führte sogar dazu, dass ich eine Liebe zu einem ganz jungen Mann in einer Form erlebte, die so absolut nicht meinem Wesen entsprach, die ich aber *aus Liebe* bereit war zu leben. In der ersten Zeit wollten und durften wir keine *Vereinigungen* haben und als ich dann endlich doch Sex mit ihm hatte, erlaubte ich mir selbst, nur minimal meine sexuellen Bedürfnisse zum Ausdruck zu bringen. Er wäre vollkommen überfordert gewesen, wenn ich meine ungezügelte Lust zugelassen hätte. Ich hatte ihn vermeintlich wirklich geliebt, es war jedoch eine sehr selbstzerstörerische Liebe. Für ihn hatte ich mich, wie schon oft zuvor für einen *Mann, eigentlich war er mehr noch ein Junge,* aufgegeben, in meiner Verwechslung von Hingabe und Selbstaufgabe.
Jahrelang befasste ich mich immer tiefer mit dem Thema *Tantra* und hatte wirklich einige wunderschöne sexuelle Begegnungen dieser Art. Es ging dabei um Hingabe und Präsenz.

Irgendwann schlitterte ich - nachdem ich schon einige Jahre zuvor einen schweren Unfall im Atlantischen Ozean knapp überlebt hatte - in eine tiefe psychische Krise und kam bei meiner Rehabilitation noch einmal sehr intensiv mit meiner Vergangenheit in Berührung. Ich ließ mich auf eine erneute *Verarbeitung* ein, um dann, nach einigen Monaten des *Zölibats,* zu erkennen, dass ich eigentlich nur leben und Spaß haben wollte und mir dies nun erlauben würde. Ich wollte wirklich alles leben, auch in meiner Sexualität.

„Ich musste mir keine Konstrukte aufbauen, um mich als anständige Frau zu erleben, ich musste mich für nichts verurteilen, schon gar nicht, wenn ich meine Lust in ihrer exzessivsten Form leben wollte. Kurze Zeit danach geschah es dann, dass jener Mann auftauchte, der mir das ermöglichen sollte und mir den Weg in die absolute sexuelle Befreiung auf allen Ebenen eröffnete.

Ich tauchte ein in eine Welt, in der all meine unbändige Lust gelebt werden durfte, ohne dass ich mich auch nur im Geringsten als Hure oder Schlampe fühlte.

Ich genoss und genieße und werde noch vieles genießen, ich bin trotz all meiner Erfahrungen ein unglaublich lustvolles Weib geblieben und genieße Sex in jeglicher Form - in ungezügelter Hemmungslosigkeit und manches Mal ebenso in absoluter Stille und im bloßen Sein. Es ist die Vielfalt, die ich mir zu leben erlaube. Einschränkungen machen wir uns immer nur selber.“

So teile ich nun Geschichten, die eine Verwebung gelebter Realität mit Fantasien darstellen, und wünsche mir, viele Menschen mit meiner unbändig gelebten Lust zu inspirieren.

Die erste Geschichte ist nicht meine eigene, sondern eine von diesem wunderbaren Liebhaber, der meine Tore der Lust weit geöffnet und mich zu allen weiteren animiert hat.
Ich hatte mich unglaublich darüber gefreut, weil er sie für mich unmittelbar nach unserer ersten Begegnung geschrieben hatte und mich erkennen ließ, welche Lust seine Fantasien in mir auslösten.
Mit seiner Erlaubnis darf ich alle drei von ihm verfassten Geschichten der Öffentlichkeit preisgeben.

Dieser Mann war und ist eine tiefe Inspiration für mich.

Prolog

Ich habe ihn bei meinem Kuraufenthalt kennengelernt - diesen wirklich anziehenden Mann.
Er war unser Wochenend-Sporttrainer, der leider immer nur samstags kam.
Wir sahen uns und waren sofort voneinander angezogen.
Er bemühte sich sehr, mich zu ignorieren, weil ich doch eine Patientin war.
Doch eigentlich wussten wir beide sofort zu Beginn unserer Begegnung, dass sich unsere Wege irgendwann wieder kreuzen würden…

An jenem Tag unserer Erstbegegnung hatte ich noch eine letzte erfüllende sexuelle Vereinigung mit meinem attraktiven Nachbarn aus Salzburg, der mich überraschenderweise in der Kuranstalt besuchen kam.
Danach folgten einige Monate sexueller Enthaltsamkeit, in denen ich mich darum bemühte auch gut und unabhängig von Sex

leben zu können.
In dem Moment, als ich mich der Lust erneut zu öffnen begann, tauchten in knapp zwei Wochen drei attraktive Männer auf, denen ich nach meiner Zeit der Abstinenz einfach nicht widerstehen konnte.

Der Erste war ein narzisstischer Sportcoach, Skilehrer und Masseur. Es war ein lustvoller Einstieg mit einem schönen Mann, der dann wieder aus meinem Leben verschwinden durfte.

Der Zweite war ein Polizist von der Antiterroreinheit *Cobra*, ein wilder Typ, mit dem es Spaß machte, an einem außergewöhnlichen Platz zu vögeln. So sehr er Macho war, so sehr fehlten ihm allerdings alle Regeln guten Benehmens. Auch er war bloß ein kurzes Intermezzo.

Der Dritte warst dann ***DU***, um mit mir gemeinsam ein neues Kapitel meines Lebens zu eröffnen.

Wir haben uns vom ersten Moment an ganz intensiv aufeinander eingelassen und es gab nichts, was ich mit dir nicht unendlich genossen hatte - purste Intensität in jedem Augenblick …

Eine Sommernacht

Es ist Sommer, du liegst in der Nachmittagssonne im Garten und versuchst dich bei einem Glas frischen Fruchtsafts zu entspannen. Du trägst eines deiner Kleider, das dich zwar einhüllt aber eigentlich ein Hauch von nichts ist und ausschließlich dazu dient deinen sensationellen Körper noch mehr zur Geltung zu bringen. Da du die Freiheit liebst, verzichtest du wie selbstverständlich auf Unterwäsche.

Du liegst in deinem Liegestuhl und träumst davon, einmal wieder einen Mann zu treffen, der dich und deinen Körper versteht und keine Hemmungen hat alles zu tun, was du dir wünschst.

Du hast deine Augen geschlossen und spürst den Wind auf deinen Oberschenkeln über deine Haut streifen. Du spinnst deine Fantasie weiter, nimmst wahr, wie deine kleine *Lotusblume* - du liebst doch diese Bezeichnung - anfängt zu pochen und immer feuchter wird - doch wozu?

Du unterbrichst deinen Tagtraum, gehst in die Küche, um dir etwas Obst zu holen, und spürst beim Gehen die Feuchtigkeit zwischen deinen Schenkeln, möglicherweise kannst du deine Lust auch riechen. Auf deinem Weg zurück siehst du zufällig, dass du eine Nachricht auf deinem Mobiltelefon bekommen hast.
Kein Name - nur eine Nummer - *‚kann nicht wichtig sein'*, denkst du dir.
Du beschließt das Telefon mitzunehmen, aber es interessiert dich nicht wirklich. Du möchtest jetzt doch deinen kleinen Traum weiterspinnen, weil dir die Erregung zwischen deinen Beinen schon gefällt. Vielleicht darf ja der *vibrierende Lippenstift* zum Einsatz kommen.
Du legst dich wieder in den Garten, doch jetzt mit weit gespreizten Beinen, um den Wind besser zu spüren, eine Hand an der Brust, um diese zu liebkosen. Die Musik, die du aufgelegt hast, passt wunderbar zu deiner Stimmung, doch irgendwie will es nicht klappen. *‚Was ist das für eine SMS?'*
Du setzt dich auf und schnappst dein Mobiltelefon - erst jetzt fällt dir auf, dass deine Finger ganz feucht von deiner *Maus* sind und du deinen Saft über das Telefon verteilt hast …
Aufgeregt liest du die SMS: *Hallo schöne Frau, kannst du dich an mich erinnern, wir kennen uns von Konstanz, ich bin der, der ständig dagegen ankämpfen musste, dir bei der Wirbelsäulengymnastik in den Schritt zu greifen, dich zu küssen, dich zu liebkosen..., weißt du*

wer??? Ich wage es einfach einmal und würde dich heute Abend gerne zu einer Aufführung im Salzburger Landestheater einladen. Es sind Logenplätze, deine Karte ist hinterlegt, ich kann leider erst etwas später kommen. Beginn 20 Uhr - ich hoffe, du willst wissen, wer ich bin, und wir sehen uns heute Abend.

‚Hmmm, wer kann das sein, da waren so viele Männer in der Kuranstalt, die mich vögeln wollten, aber keiner war wirklich attraktiv für mich. Doch! Dort war nur einer - könnte auch zu Wirbelsäulengymnastik passen - aber der war so ein arroganter Arsch, der will sicher nichts von mir, sonst hätte er sich schon viel früher gemeldet.
Soll ich hingehen? Kann eigentlich nur eine Enttäuschung werden - interessiert mich doch nicht.‘

Du legst dich wieder zurück in den Liegestuhl, willst endlich fertig bringen, was du begonnen hast. Du spielst mit deiner Fantasie: *Du hast einen Businesstermin in einem Hochhaus, bist aufreizend aber trotzdem businessmäßig gekleidet, das elegante doch verspielte Kleid lässt du dir natürlich nicht nehmen. Du wartest auf den Aufzug, in Gedanken verloren steigst du mit gesenktem Kopf ein, drehst dich zur Tür und wartest darauf, dass der Aufzug losfährt. Plötzlich kommt dieser ins Stocken und das Licht fällt aus. Auch das noch, alleine in einem*

Aufzug, ohne Licht - da nimmst du plötzlich den Geruch eines ziemlich erotischen Männerparfums wahr. Ist da doch noch jemand im Aufzug? Schon hörst du Männeratem neben deinem Ohr, du bist verwundert, dass du keine Angst hast, aber der Geruch und die Wärme kommen dir so vertraut vor. Du nimmst dir vor, alles zuzulassen, was in Folge passieren wird ...

Diese Fantasie könnte funktionieren.

Wie von selbst öffnen sich deine Beine weiter und deine Hand gleitet dazwischen ...

Jetzt nimmst du einen Männerkörper wahr, der sich sanft von hinten an dich presst, du weichst nicht aus, sondern erwiderst den Druck - vor allem dein geiler Hintern sucht den Druck des prallen Schwanzes, der sich hinter dir erahnen lässt.

Das alles geschieht wortlos, und schon spürst du Finger an deinen Innenschenkeln, die dir sanft das Kleid hochschieben, fast gleichzeitig hörst du, wie eine Hose geöffnet wird - du bist unglaublich feucht. Du reckst instinktiv deinen Hintern etwas stärker nach hinten und spürst in diesem Moment einen harten Penis, der Einlass verlangt. Ein Stöhnen entkommt dir, Millimeter um Millimeter wird der Schwanz in deine Möse geschoben, es macht dich wahnsinnig ...

Plötzlich geht das Licht im Aufzug an, du blickst nach hinten und siehst das Gesicht von diesem arroganten Trainer vor dir... ‚Verdammt, warum gerade jetzt? Ich hätte so schön kommen können.'

Du gibst dein Vorhaben auf, es dir im Garten selber zu machen, noch dazu weißt du, dass du viel zu laut werden könntest und damit deine Nachbarn womöglich über diese außergewöhnliche Lärmbelästigung echauffiert wären.
Jetzt überlegst du vielmehr, ob du nicht doch ins Landestheater gehen sollst - *‚was, wenn es doch der Trainer ist…? Was spielen die heute überhaupt? Spielt doch keine Rolle…‘*
Der Beschluss ist gefasst - also fertig machen.
Für den Fall aller Fälle wird vorsorglich die Muschi perfekt getrimmt und ein wunderschönes weißes, luftig wallendes Kleid ausgesucht.
Du fährst los, ohne zu wissen, was dich erwartet.
‚Wird es womöglich einer der dickbäuchigen Gaffer sein, oder doch …? Wenn ich doch so eine Ästhetin bin … ich verstehe einfach nicht, warum sich so viele Männer so sehr gehen lassen …
Der Trainer hat schon wirklich gut ausgesehen …‘
Die Karte ist, wie versprochen, hinterlegt, es handelt sich um eine Loge in der obersten Etage. Du setzt dich ganz nahe an die Brüstung, wie es die Karte vorsieht. Eigenartigerweise füllt sich der gesamte Zuschauerraum, nur die restlichen Plätze in deiner Loge bleiben frei.
Es wird abgedunkelt und das Orchester beginnt zu spielen, *Romeo und Julia* in einer Opernversion. Eine interessante Einladung, aber

der mysteriöse SMS-Schreiber ist noch immer nicht da.
Du hast die Hoffnung auf einen aufregenden Abend bereits aufgegeben.
‚Da kommt doch sicher einer der Patienten aus dem Kurzentrum ...‘
Kurz darauf hörst du leise die Türe zur Loge aufgehen - im ersten Moment möchtest du dich umdrehen, doch dann beschließt du, es nicht zu tun. Egal wer jetzt noch kommt, zu spät kommen kannst du nicht leiden.
Die Türe schließt sich wieder, es ist richtig dunkel, nur ein sanftes Licht zeigt den Raum in seinem schönen Ambiente. Seltsamerweise kommt keine Begrüßung. Lediglich ein Sessel wird hinter dir zurechtgerückt, irgendjemand setzt sich hinter dir nieder. Du denkst: *‚Eigenartig, fast wie meine Aufzugfantasie, es riecht sogar so...‘*
Schon spürst du Hände an deinen Haaren, die diese liebevoll von hinten streicheln, den Weg zu deinem Nacken suchen, um diesen zu liebkosen - *‚oh, das fühlt sich gut an.‘*
Dann haucht dir eine Stimme ins Ohr: „Schön, dass du gekommen bist - ich freue mich schon seit drei Monaten darauf, dich zu ficken!“
‚Was soll das - wer ist das?‘ Du drehst dich um und siehst dem arroganten Trainer aus Konstanz tief in die Augen - er ist es. Es durchzuckt deinen Körper, du gestehst dir in der Sekunde ein, dass auch du von Anfang an richtig geil auf diesen Mann warst.

Als Nächstes spürst du einen leidenschaftlichen Kuss auf deinen Lippen - dein Atem wird schwer.
Wir trennen uns und schauen uns nur in die Augen. Dann spürst du meine Hände, wie sie von hinten um den Sessel deine Taille und danach deine Schenkel berühren. Ich merke, dass du es genauso willst wie ich, ich kann deine Muschi riechen - dein Duft liegt in der Luft. Jetzt bist du froh einen Slip angezogen zu haben, denn deine Muschi ist bereits so feucht, dass es auf jeden Fall Flecken am Kleid gegeben hätte. Schon siehst du wie ich vom Sessel gleite und auf allen Vieren vor dich zwischen deine Beine komme. Verdeckt von der Loge schiebe ich dir langsam dein Kleid über die Beine nach oben. Du musst leise sein, die Musik überdeckt einiges, aber es könnte sein, dass du doch beobachtet wirst. Du rutschst instinktiv an die vordere Sesselkante, tust dennoch so, als ob du der Musik lauschen würdest - *‚was macht der da?‘*
Unverzüglich spürst du meine Zunge an deinen Schenkeln, überall gleichzeitig, bis sie schließlich zwischen den Beinen auf dem Slip zu liegen kommt - verdammt der Slip. Ich liebkose deine schöne feuchte Spalte durch den Slip, der schon völlig von deinem Saft durchtränkt ist. *‚Leck mich endlich richtig ...‘*, denkst du dir. Ganz langsam - nach einer gefühlten Ewigkeit - schiebe ich dir deinen Slip zur Seite und bekomme im diffusen Licht den

freien Blick auf eine wunderschöne feuchte Muschi.
Ich lecke dich überall, deine Muschi, deine Pobacken, die Klitoris, dringe ab und zu mit meiner Zunge in dich ein - es macht dich wahnsinnig. Du wirst immer feuchter und angeschwollener. Plötzlich findet ein Finger Einlass und dringt tief und bestimmt in dich ein, nur um dann rhythmisch herausgezogen und hineingeschoben zu werden - ich spüre wie Hitze in dir aufsteigt und du zu einem Orgasmus kommst, du kannst dich nicht zurückhalten, wirst etwas laut. Das junge, hübsche Pärchen aus der Nachbarloge schaut dir im Moment deines Orgasmus tief in die Augen.
‚Was ist da gerade geschehen?‘ - die beiden wirken konsterniert.
Ich tauche mit einem breiten Grinsen zwischen deinen Beinen auf und setzte mich selbstzufrieden etwas weiter im hinteren dunklen Teil der Loge auf einen Sessel.
‚So ein Arsch, was denkt der sich, leckt mich, aber lässt mich nichts von seinem Schwanz spüren ... ‘, denkst du und greifst dir unauffällig unter das Kleid. Unverzüglich ziehst du dir deinen Slip aus, bevor du ruhig aufstehst und nach hinten kommst. Zuerst siehst du nichts, da es ziemlich dunkel ist, doch dann wird das Bild immer klarer - vor dir sitze ich, der arrogante Trainer, mit offenem Hemd, muskulösem Oberkörper und geöffneter Hose, aus der ein

richtig steifer wunderschöner Penis ragt. Am liebsten würdest du jetzt auf die Knie gehen und diesen Schwanz blasen, alles zurückgeben was du gerade erfahren hast, doch deine Muschi sehnt sich ebenfalls danach gefickt zu werden. Kurz entschlossen, stellst du dich vor mich hin, ohne meinen Schwanz auch nur anzugreifen, schaust mir in die Augen, hebst dein Kleid und setzt dich langsam auf mich. Ich spüre, wie er langsam in dich eindringt, bis er ganz tief in dir ist - doch du bleibst einfach nur regungslos sitzen und schaust mir weiter ohne jegliche Aspiration in die Augen. Dann beginnst du dich ganz langsam zu bewegen, es zerreißt mich, so hart ist mein Schwanz. Du spürst wie geil ich auf dich bin, und genießt es, die Macht über mich zu haben, bewegst dein Becken schneller und reitest mich hart - wir schauen uns dabei immer in die Augen. Mein Schwanz wird noch härter und beginnt zu pulsieren. Plötzlich bleibst du ganz ruhig sitzen und nimmst dir einen weiteren Orgasmus, der sich intensiv und langsam aufbaut - ich halte es nicht aus ruhig zu bleiben. Während sich dein Orgasmus wieder abbaut, greifst du dir zwischen die Beine und gibst mir etwas Saft von dir auf die Lippen. Im gleichen Moment gleitest du von mir und beginnst meinen Schwanz mit dem Mund zu liebkosen und ihn gleichzeitig mit der Hand hart zu massieren. Du spürst meinen Orgasmus kommen, massierst mit wendigen Fingern weiter, umschließt aber meine Eichel mit deinen

Lippen, die zweite Hand mit sanften Druck an meinen Hoden - ich komme kräftig und sehr intensiv in deinem Mund. Ich sehe dir dabei in die Augen und genieße es, wie du meinen Saft in dir aufnimmst und mit deiner Hand ganz vorsichtig meinen Schwanz massierst, nur um ihm noch mehr Sperma zu entlocken, das du dann noch genüsslich ableckst …

Diese Geschichte habe ich zwei Tage nach unserer ersten lustvollen Begegnung als *Gute-Nacht-Geschichte* erhalten, mit dem Wissen, dich womöglich nicht sehr bald wieder zu sehen.

Wir konnten uns wirklich selten sehen und erleben, waren wir doch ziemlich weit voneinander entfernt und du nicht frei. All jene Stunden, die wir jedoch miteinander genießen konnten, waren jedes Mal von Neuem einzigartig aufregend.

Immer wieder mussten wir uns eine Zeit lang mit lustvollen Botschaften per SMS oder E-Mail begnügen und auf mögliche Wiederbegegnungen mit Vorfreude und aufregender Erregung warten.
In unseren vielen E-Mails waren wir fantasie- und facettenreich - und manches Mal schon ziemlich vulgär.
So lasst mich erzählen, wie all das Aufregende eigentlich begonnen hat, um sich zu höchster Intensität zu entfalten …

Ungezügelte unbändige Lust

Ich habe dich gesehen und wusste in diesem Moment, dass ich dich wollte, ich wollte dich spüren, deine Hände an meinem Körper, deinen Penis in mir - ich wollte Sex.
Ich habe dich gesehen, als du als Sporttrainer bei meiner Kur im Fitnessraum erschienen bist und mich angesehen hast.
Du hast diese ungezügelte unbändige Lust in mir ausgelöst.
Schon bei unserer ersten Begegnung war klar, dass wir beide dasselbe wollten - einfach geilen Sex miteinander erleben. Damals war das Umfeld nicht geeignet dafür. Es war deine Arbeitsumgebung und ich als Patientin in dem Haus - umso lustvoller war die Vorstellung für mich, das Verbotene zu tun.
An diesem ersten Tag unserer Begegnung war mir bewusst, dass es irgendwann sein würde.
Bei unserer Sporteinheit wurde ich sofort nass und bereit *ihn* zu empfangen, bloß unsere intensiven Blicke lösten es in mir aus - ich

wollte deinen Penis in mir spüren. Du bist nach den Sporteinheiten dieses Vormittages wieder gefahren und ich wusste, ich würde dich erst eine Woche später wiedersehen.
An diesem Tag hatte ich das große Glück gehabt, dass mein damaliger Liebhaber mich spontan und überraschenderweise besuchen kam, um mit mir ein letztes Mal Sex zu haben.
Ich war erst vor wenigen Tagen an diesem Ort angekommen und wusste nicht wirklich, wohin ich mit meinem unerwarteten Besucher gehen sollte. Da ich jedoch weder unter Scheu noch Fantasielosigkeit leide, beschloss ich ihn in die nahegelegenen Weingärten zu führen, um dort in der Natur ungezügelt meine Lust mit ihm auszuleben. Die Chance gesehen oder gehört zu werden hatte einen gewissen Zusatzreiz.
Wir vögelten zwei wunderbare Stunden, bevor wir regennass - der Regen erwischte uns in den letzten 10 Minuten - die Flucht ergriffen. Er führte mich zurück ins Haus, in dem ich triefend vom strömenden Regen und strahlend erfüllt ankam.
Dann verschwand er mehr oder weniger aus meinem Leben - zumindest als Liebhaber. Er wollte *seiner Freundin* in Zukunft doch treu sein, hatte er gemeint …
Ihr Männer habt schon eine eigene Haltung zum Thema Treue.
Dennoch war ich an diesem Tag erleichtert, ihm begegnet zu sein, weil ich zumindest meine Lust gesättigt bekam, die du schon einige

Stunden davor in mir ausgelöst hattest und die mir nun ein sehr guter Liebhaber befriedigen konnte.
Als er sich dann endgültig zurückzog, beschloss ich mich ins Zölibat zu begeben, war ich doch gerade dabei, weitere Schichten meiner schmerzvollen Vergangenheit aufzuarbeiten, und hoffte, dass Enthaltsamkeit mir dabei besser dienen würde.

Außerdem wollte ich endlich *meinen Lebenspartner* finden und nicht nur Männer für unverbindlichen Sex.
Ich konzentrierte mich auf all die Therapien und auf mich selbst.

Doch kamst du eine Woche später wieder und ich ahnte schon vor deinem Erscheinen, wie es mir gehen würde.
Ich sah dich bereits von Weitem in der Halle stehen, um die Anwesenheitslisten der Patienten zu kontrollieren, ein Schwall von Feuchtigkeit floss in meinen schönen Spitzentanga, den ich unter meiner eng anliegenden weißen Samthose anhatte. Bloß dich zu sehen, erregte mich schon sehr.
Ich rannte zurück in mein Zimmer, um mich *trocken* zu legen, wie hätte ich mit so einer feuchten Muschi in die Gymnastikstunde kommen können?
Ich kam abgehetzt zurück.
Als die Stunde begann, wurde mir schwindlig ...

schwindlig vor ungezügelter unbändiger Lust auf dich.
Die Stimmung in diesem kahlen Gymnastikraum erschien mir unerträglich. Ich hörte kurz darauf gute Musik und deine Stimme, mit der du in aller Ruhe deine Anweisungen gabst: „Legt euch auf die Matte, tief ein- und ausatmen, Beckenbodenmuskeln anspannen." Deine Worte machten mich verrückt. Ich begann meine Beckenbodenmuskeln anzuspannen, die schon zu pulsieren begonnen hatten, in dem Moment fuhr unverzüglich heiße Energie durch meine Wirbelsäule nach oben und ein weiterer Schwall von Feuchtigkeit ins Höschen. Ich musste heftig ausatmen und bekam einen Hustenreiz, weil ich mich so sehr zu beherrschen versuchte. Ich durfte mir nichts anmerken lassen! *‚Augen geschlossen halten und atmen, Becken nach oben und unten ... bleib ganz ruhig'...* und *du arroganter Arsch* - so hast du zumindest gewirkt - hast mich schmunzelnd angesehen, als ich kurz meine Augen öffnete, und deinen begegnete.
Wie sehr habe ich mir gewünscht, dass du mir mit deinen Fingern in meine Hose fährst.
Einmal bist du gekommen, um mein Becken zu korrigieren - *oh mein Gott* - diese Berührung deiner Hände an meinem Becken löste einen weiteren Hitzeschwall aus.
Am Ende der Gymnastikeinheit drehte sich alles in mir, meine Lust war ungehemmt da und

meine Entscheidung im Zölibat zu verharren, wie weggeblasen.
Allerdings hatte ich auch meine klare Vorstellung davon, dass ich nur einen Mann als Liebhaber wollte, der so wie ich *Tantra* beherrschen würde. So wirktest du nicht. Außerdem sollte er *frei* sein, kein gebundener Mann. Ehering hattest du allerdings keinen - das war das Erste, worauf ich schaute.
Aber was bedeutete das schon? Viele verheiratete Männer tragen keinen Ehering.
Ich war mir sicher, du würdest meinen Kriterien nicht entsprechen, dennoch sehnte sich alles in mir, Sex mit dir zu haben. Der Reiz war so stark, dass ich beschloss noch eine weitere Sporteinheit am selben Tag von dir mitzumachen.

Wir gingen nach der Gymnastikstunde in den Fitnessraum.
Meine Lust, die sich in deiner Nähe immer mehr aufschaukelte, war nicht zu bremsen, trotz meiner Konzepte. Ich tat alles, um dich noch mehr zu reizen, dieses Spiel beherrsche ich wahrlich in allen Facetten.
Am Ende der Trainingseinheit stand ich alleine mit dir dort unten im Keller.
Du meintest ganz lapidar: „Wäre ja nicht schlecht, wenn wir uns jetzt hier einsperren würden, aber du schreist sicher so laut, dass man dich bis ins oberste Stockwerk hören wird.“

So frech und direkt warst du damals, mit einem breiten Grinsen in deinem Gesicht.

Wie konntest du das erahnen, du kanntest mich doch gar nicht?

In dieser spannungsgeladenen Atmosphäre gingen wir gemeinsam aus dem Fitnessbereich zurück in die Halle - nichts, gar nichts kam von dir. Du bist einfach gegangen, hast dich verabschiedet und weg warst du, mit dem Hinweis, dass du nächste Woche nicht hier wärst und ein Kollege kommen würde.

‚Du arroganter Arsch, was bildest du dir eigentlich ein?'

Wie sehr es dir gelungen ist, mich aufzustacheln und dann zu gehen, nicht ohne mir vorher noch mitgeteilt zu haben, dass es am See so nette kleine einsame Inseln geben würde, wo man gut vögeln könnte - pure Provokation.

Dann warst du mit einem breiten Lachen im Gesicht verschwunden.

Auch du beherrscht das Spiel nicht schlecht.

Ich blieb erregt und zitternd vor Lust zurück.

Andere Männer dort wollten mich - ich wollte nur mehr dich.

Außerdem war ich zerrissen und in meinem Konzept vom Zölibat gefangen.

‚Wie sollte denn ein seriöser Mann mit ernsten Absichten in mein Leben kommen, wenn ich inzwischen immer wieder Liebhaber hätte?'

Ich war mir sicher, dass ich es nun endlich schaffen würde auf *den richtigen Mann* zu warten, bevor ich mich wieder auf Sex einließe.

In meiner intensiven Konzentration auf mich selbst wurde ich tatsächlich immer ruhiger.

Doch kurz vor meiner Abreise - drei Wochen nach der letzten Begegnung - tauchtest du wieder auf.
Der Strahlemann in der Halle, mit arrogantem Blick.
Du hast mich ebenfalls sofort gesehen und meintest, wie schön es wäre, mich durch die Hallen schweben zu sehen. Erstmals kamen wertschätzende Worte über deine Lippen.
Kurz danach war wieder unsere Gymnastikstunde - vorbei war es mit meiner zurückhaltenden Gelassenheit.
Ich wollte dich ganz, dich überall spüren, von dir geleckt, genommen werden, Stunde um Stunde ... nur vögeln, nur mit dir.
Und ein weiteres Mal verschwandest du von dort, nicht ohne von mir meine Visitenkarte bekommen zu haben. Es könnte durchaus sein, dass du einmal geschäftlich in Salzburg zu tun hast, wie du ganz lapidar meintest - und schon wieder warst du weg.
Wer weiß, vielleicht würde dich ja irgendetwas in meine Nähe bringen.
Ein Funken Hoffnung blieb in mir, bevor ich wieder nach Hause zurückkehrte.
Nach meiner Heimreise hielt ich mein Konzept beinhart durch, lehnte alle Angebote ab und beendete damit auch meine alten Liebes- und Sexgeschichten, die noch nicht wirklich

abgeschlossen waren.

Dich hatte ich nach wenigen Wochen ebenfalls vergessen, ich lechze doch nach keinem Mann, der offensichtlich kein Interesse hat.

Irgendwann reichte es mir dann aber endgültig - ich hatte es satt, weiterhin im Zölibat zu verweilen.
Nach einer intensiven Coachingeinheit, in der mir mein Coach half, mich endlich wieder ganz lebendig und leicht zu fühlen, beschloss ich nach drei Monaten ohne Sex einfach nur *zu leben und zu genießen.* Mir wurde klar, dass eine lebensfrohe, lustvolle Frau vermutlich eher einen ebensolchen Mann anziehen würde als eine *im Zölibat vertrocknete*.
Ich bin keine Nonne und habe keine Lust, eine zu sein. Ich will einfach nur mehr mein Leben auszukosten, bis mein Lebenspartner auftauchen würde, auch wenn ich noch mehrere Liebhaber bis dahin haben sollte. So soll es gut sein. Wie kann ich denn wissen, wann es mir gegeben ist, *dem einen Mann für mein Leben* zu begegnen.
Mein Coach hat mir damals sehr geholfen, mich von starren Konzepten zu lösen.
Ich bin frei und niemandem Rechenschaft schuldig - herrlich.
Ab diesem Moment fiel mir eine Last von den Schultern und ich öffnete mich wieder dem *lustvollen unbändigen LEBEN*, das für mich

sehr stark mit erfüllender Sexualität einhergeht.

Noch am selben Abend lernte ich einen attraktiven Masseur und Sporttrainer kennen, und schon drei Tage später einen Mann von der Cobra-Einheit der Polizei.
So ließ ich mich ein auf das Spiel des Lebens und genoss, was Spaß machte.

Doch bald darauf kam auch diese unerwartete E-Mail von einem Typen, an den ich zu diesem Zeitpunkt schon lange nicht mehr gedacht hatte, knapp zwei Monate nach unserer letzten Begegnung im *Turnsaal eines Kurzentrums…*
Mein Leben veränderte sich von einem Tag auf den anderen …

>**Betreff: wie geht's?**

Spät aber doch, hier ist der Andi (Trainer) von der Kuranstalt Konstanz, wie geht es dir???<

>Lieber Andreas,

damit habe ich ja nicht gerechnet … mir geht es gut … ich genieße meine Freiheit!!!!!
Und dir? Bist du zufällig einmal in meiner Nähe?

Schönen HEISSEN Sonntag
Magdalena<

>Hallo Magdalena,

Wo ist zurzeit in deiner Nähe? <

>... noch in Salzburg ... ich habe derzeit keine Pläne ... außer 4 - 6 Monate nach Mexiko zu fliegen ... auf die Isla Mujeres ... im Winter!
Alles andere geschieht nur im Moment ... heute, morgen ... echt super…
Vielleicht kommt vor Mexiko noch ein anderer Impuls - ich bin für alles total offen!!

Und wo bist du im Moment?
Schönen Tag
Magdalena<

>Offen für alles ist immer gut?! Ich bin in Lindau, genieße gerade mein ausklingendes Strohwitwer Dasein (bis Donnerstag) und warte auf Wind zum Surfen ...<

>**Betreff: Luftiges Salzburg**

Na da geht's dir ja gut ... in Lindau surfen ... meinst du am Bodensee???
Schade, dass Lindau so weit weg ist.
Du könntest ja auf einen Abstecher nach Salzburg kommen ... allerdings kann ich dir keinen Wind zum Surfen anbieten!! :-))

Schönen heißen Tag für dich
Magdalena<

>Ja, Bodensee…

Also wenn du keinen Wind bieten kannst, was könnte mich denn noch überzeugen, nach Salzburg zu kommen?? :-)))
Schade, dass ich nicht schon letzte Woche daran gedacht habe mich bei dir zu melden, da hätte ich tatsächlich Zeit gehabt, dich zu besuchen und mich von dir in den Salzburger Lebensstil einführen zu lassen.
Na ja, da sollte man sich auf jeden Fall etwas überlegen :-)

Wünsche dir eine heiße Nacht<

Meine Antwort am nächsten Morgen:

> ... und hast du dir schon etwas überlegt, lieber Andreas!??!
Du kannst ja deine Fantasie spielen lassen, was dich hier alles erwarten könnte ... ein stilvolles Ambiente, erotisches Prickeln ... heiße Wellen statt einer kühlen Brise ... ;-))))
Tagsüber bin ich allerdings schon unterwegs ... bei einem Geburtstags-Frühstück und dann an einem genial schönen Fluss!! :-)))

Schönes Erwachen heute
Magdalena<

Es kam keine prompte Antwort zurück und ich musste losfahren.

Kurz vor meiner Abfahrt ergänzte ich meine E-Mail:

>**Betreff: Luftiges Salzburg 2**

... also dann - solltest du noch einen Impuls bekommen ... du erreichst mich heute nur mehr per Telefon, da ich unterwegs bin ... nicht per E-Mail!!!

Einen wunderschönen Tag für dich!!! :-))<

Er antwortete doch sehr bald:

>Hmmmmm, das klingt natürlich äußerst verlockend. Dann könnten wir quasi heute Abend das Flussthema im Sinne von „alles fließt“ aufgreifen und durch ein paar rhythmische Komponenten erweitern, wenn ich dich richtig verstehe.
Ich werde mal sehen - wenn du das willst - wie es sich ausgehen könnte ... ist doch leider ziemlich weit zu fahren - ich denke, ich würde frühestens zwischen 16 Uhr und 17 Uhr aus Lindau wegkommen ...<

Dann ging alles per SMS weiter ... so intensiv, dass ich vom ersten Moment an voller Lust auf dich war und damit gar nicht mehr klar denken konnte.
Eigentlich hatte ich mit einem anderen Mann ein Date am Fluss.

Wie konnte ich wissen, dass du es wirklich ernst meintest.
Du hattest tatsächlich vor zu kommen.
Schon auf der Fahrt zu meinem Date machte ich einen unbeabsichtigten Umweg von einer halben Stunde, weil ich mit dir immer lustvollere SMS austauschte - wir trieben uns schon per SMS in die höchsten Sphären des Begehrens.
Dort angekommen, musste ich unseren Schriftverkehr stoppen, meine Muschi war klitschnass und ich traf einen Fremden, den ich erst einmal gesehen - an einem See kennengelernt - hatte,
und der mich jetzt nach unserer Kommunikation schon gar nicht mehr interessierte, obwohl er ein sehr sympathischer Mann war.
Ich hatte die Stunden mit ihm mit netter Konversation verbracht und oftmals an unsere baldige sicher wunderbar berauschende Begegnung gedacht.
Natürlich bemerkte er meine offensichtliche Verwirrung und Erregung, die er womöglich auf sich bezog und die ihn dazu veranlasste, mir doch nahe zu kommen.
Nachdem ich allerdings zurückwich, als er mich gefragt hatte, ob er mich denn küssen dürfte, konnte ich den Nachmittag gut ausklingen lassen.
‚Ein Mann, der fragt, ob er mich küssen darf - oh mein Gott, würde er mich dann auch fragen,

ob es gestattet ist mich in ein paar Tagen vielleicht zu vögeln?'
Ich glaube er fühlte sich verletzt, weil ich ihn zurückgewiesen hatte - ich hörte danach nie wieder etwas von ihm.

Aufgeregt und mit pulsierender, heißer, erwartungsvoller Muschi fuhr ich nach Hause.
Ich war so geil auf dich. Ich ahnte Erfüllung auf mich zukommen …
Kurz nach meiner Heimkehr kam eine SMS, dass du in einer halben Stunde da wärst.
Ich drehte fast durch vor Verlangen.

Dann kamst du tatsächlich ... *das vermeintlich arrogante Arschloch, das einst so cool und desinteressiert gewirkt hatte.*

Ich öffnete dir mit einem wunderschönen Kleid die Türe - nichts darunter.

Was folgte, war einfach unglaublich ... eine berauschende Nacht.

Drei Wochen nach unserer Erstbegegnung hast du mir geschrieben, wie es dir bei unserem ersten Mal ergangen ist. Wir haben uns inzwischen schon zwei Wochen nicht mehr gesehen, gespürt, geküsst, berührt, genossen ... es wurde mir schon langsam unerträglich und ich hoffte immer dringlicher bald wieder alle unsere Fantasien mit dir in der Realität erleben zu dürfen. Deine vielen E-Mails haben mir Hoffnung auf ein baldiges Wiedersehen gegeben und das lange Warten etwas erleichtert. Aber nun lasse ich dich unsere erste Begegnung, die wir hatten und die für mich das außergewöhnlich erfüllendste und geilste Erlebnis war, das ich seit langer Zeit genießen konnte, beschreiben:

>**Betreff: LUST!!!!!**

Ich bin schon so geil auf dich, zum Glück weiß ich, dass in deinem Fall die Realität noch besser ist als die Fantasie, ansonsten könnte es, gemessen an meinen Fantasien, nur eine Enttäuschung werden.
Ich habe immer wieder unser *erstes Treffen* - die ersten fünf Minuten - im Kopf.
Ich komme durch deine Türe. Obwohl wir uns eigentlich gar nicht kennen, reden wir kaum - du bist so wunderschön in deinem Kleid - wir küssen uns, ich drehe dich zur Badezimmertür, küsse dich, streife dir vorsichtig das Kleid hoch (das wollte ich eigentlich gar nicht tun, weil ich es noch für zu früh hielt, ich konnte mich aber nicht zurückhalten, weil ich deine Erregung schon gerochen habe und gleite unversehens in deine heiße, feuchte Spalte ... zu diesem Zeitpunkt hat es mir fast den Schwanz zerrissen, weil er so hart war)
... Und du genießt tatsächlich meine Berührungen an deiner intimsten Stelle, nach

nur fünf Minuten ... sensationell obergeil - dann koste ich mit meiner Zunge davon und du genießt weiter ...
Irgendwann hast du gefragt, ob ich nicht den Rest deiner Wohnung sehen will - und gleich darauf deine Frage: **„Du kommst eh nicht schnell, oder?"** *Kurz sah ich beinahe Panik in deinen Augen aufflackern. Ich habe dir versprochen, dass das sicher nicht geschehen würde.*
Süß, süß, süß, dann hast du dich in deinem Wohnzimmer auf deinem Futon vor mir hingelegt, deine wunderschönen Beine gespreizt und mich unmissverständlich eingeladen, dich zu ficken ... was für ein Anblick von unten bis oben wunderschön - dazwischen eine bebende, feuchte pulsierende Pussy, die nur gefickt werden wollte ...<

Und wir haben gefickt, die ganze Nacht durchgefickt, bis ich wund war und nicht mehr konnte.
Stell dir vor, du hast es geschafft, dass *ich* nicht mehr konnte.
Von wegen *„zu schnell kommen"!*
Ja, du wusstest, was du mir bieten konntest, und ich wusste es auch. Ich hatte es vom ersten Moment an gespürt, deswegen wollte ich dich!
Es war purer Sex, nicht Tantra, aber dafür umso lustvoller und erfüllender.
Wirklich unglaublich, dass *DU* genau zu diesem Zeitpunkt in mein Leben gekommen bist.

Mit dir erlebe ich scheinbar die vollkommene Befreiung all meiner alten Begrenzungen.

Ich habe dir unverzüglich auf deine E-Mail geantwortet - nach zwei Wochen Entzug.
Ich war schon wieder verrückt nach dir:

>**Betreff: Noch mehr L U S T**

... meine Güte, war ich damals scharf auf dich!!!
Aber das ist gerade jetzt nicht anders!!
Wie hat denn meine Erregung gerochen???
Was heißt *nach nur fünf Minuten*? ... Unser Vorspiel hat vom 6. April bis zum 9. Juli gedauert, wohl lange genug, um dann doch gleich zur Sache zu kommen??!! ... Ich bin schon wieder feucht und will dich in mir spüren ... deinen so harten, schönen Schwanz in mich aufnehmen ... drei Monate Vorspiel reichen doch wohl, und jetzt, wie lange muss ich denn wieder auf dich warten? <

Unser Einstieg in unser erotisches Verhältnis war wirklich sensationell. Es kommt wahrhaft selten im Leben vor, dass eine Erstbegegnung so faszinierend sein kann.
Irgendwann nach Stunden lustvollen Begehrens waren wir auch hungrig, nicht nur hungrig nach uns, sondern nach Essen, und ich hab uns etwas gekocht. Dir war es jedoch wichtig, dass es schnell geht, damit wir gleich wieder vögeln konnten. Du wolltest mich sofort wieder lecken

und ich deinen wunderschönen Penis liebkosen. Wir waren wie zwei ausgehungerte Tiere, die ununterbrochen übereinander herfielen.
Nicht einmal das Kochen konntest du abwarten. Eigentlich habe ich dich provoziert, als ich mich mit nach hinten gestrecktem Po zum Herd stellte und wusste, dass du mir nicht widerstehen wirst und mir sofort deinen prallen Schwanz in meine Muschi schieben würdest - herrlich! Ich musste nur aufpassen, nicht meine langen Haare an der heißen Herdplatte zu verbrennen, während du meine noch heißere Muschi von hinten gestoßen hast, meine Hüften fest umklammert, damit ich ganz still halten würde.
Das Essen war fertig. Du hast dich langsam aus meinem Inneren zurückgezogen und wir setzten uns im Schneidersitz auf meinen schönen Schaffell-Teppich. Ich hatte nur ein Tuch um die Hüften, das mir natürlich während des Essens ganz *unbeabsichtigt* zwischen den Beinen aufging.
Sogar das gemeinsame Essen wurde zu einem prickelnden Genuss.

Es war purer Wahnsinn, dich in dieser ersten Nacht zu erleben, einer unbeschreiblich ekstatischen Nacht, nach der ich wusste, dass ich jetzt keine Beschränkungen meiner Lust mehr haben würde, weil ich mit *DIR* wirklich alles, was mir Freude machte, erleben wollte.
Auch meinen Fantasien wollte ich in unseren

Begegnungen keine Schranken mehr auferlegen.

Noch ein paar Wochen davor wäre all das für mich nicht möglich gewesen. Mit mir der *Tantrika* hätte kein Mann einfach nur *ficken* dürfen, hätte niemand all diese *ordinären Worte* in meiner Gegenwart verwenden dürfen.
Die letzten Jahre gab es für mich überwiegend rituelle tantrische Vereinigungen zwischen *Yoni* und *Lingam* - keinen *Schwanz*, der meine *Muschi* gefickt hatte. Ich hasste all diese vulgären Ausdrücke für unsere Geschlechtsorgane.

Ab dieser ersten Nacht mit dir war es für mich jedoch klar, dass ich *das Eine und das Andere* erleben wollte und alles sein durfte, ohne Einschränkungen, wirklich alles - ein befreiender Genuss.

Du hast ja keine Ahnung, wie sehr ich mich auf unsere nächste Begegnung freue …

Unsere Erstbegegnung hat acht Stunden gedauert, nach denen du um 02:30 Uhr in der Früh wieder heimgefahren bist ...

War das ein Traum oder gelebte Wirklichkeit?
Es war auf jeden Fall eine traumhafte Nacht der Lust.

Nach dieser fantastischen Begegnung hatten wir

bloß wieder die Möglichkeit der SMS- und E-Mail-Kommunikation.
Wir hatten Cybersex, wir hatten Telefonsex und du hast mich mit deinen E-Mails dazu gebracht, all diese aufregenden Geschichten zu schreiben, in denen ich Realität und Fantasie verwebe.
Dazu ein kurzes E-Mail von dir **zwei Tage** nach diesem außergewöhnlichen Beisammensein:

>Betreff: Ausblick

Übrigens hast du mich für alle Restaurants, die mit tollem Ausblick locken ;-), verdorben. Besser als beim Nudelessen bei dir geht es nicht? Ich hoffe, dass sich dieses Bild nie wieder aus meinem Kopf verabschiedet. Du Superweib!!!<

Meine Antwort:

>... das, was noch alles vollendet hätte, wären Eiscreme, Erdbeeren und Schlagobers von meinen Brüsten und aus meiner Muschi - mit verbundenen Augen - gewesen ... könntest du dir diesen Dessertgenuss vorstellen? Ich lecke danach Schoko- und Mangoeis von deinem unglaublich geilen Schwanz ... Und wenn ich mir das alles eben so wunderbar vorstelle ... beginnt sie ganz langsam in Fluss zu kommen ... und natürlich eine Extraportion von hinten direkt von meinen Pobacken wäre der fulminante Abschluss ...

... köstlich oder?
Wir könnten doch irgendwann einmal in einem schönen Restaurant ein prickelndes Erlebnis haben … du mir gegenüber, ich in meinem schönsten Kleid ... natürlich nichts darunter ... und nach dem Hauptgang gleitest du unauffällig unter den Tisch …

Genug der Fantasien ... ich weiß doch, dass du nun lange nicht mehr kommen kannst!!<

Drei Tage danach:

>**Betreff: Muschi**

Ich würde mir jetzt wirklich gerne ein paar Stunden Zeit nehmen, um mit dir zu spielen. Wenn wir uns das nächste Mal sehen, werde ich dich wortlos küssen und schon während des ersten Kusses schön langsam in dich eindringen, tief in dir verharren, während ich dich an die Türe presse und dich leidenschaftlich weiter küsse. Dann kannst du ihn so richtig spüren, wie er in dir pulsiert und dich ausfüllt. Mit einer Hand werde ich deinen Hintern fest an mich pressen, mit der zweiten deinen Nacken liebkosen. Wenn ich dann vorsichtig beginne, mein Becken zu bewegen, wird es nicht lange dauern und du wirst spüren, wie ich heiß und intensiv in dir komme. Ich bleibe drinnen, damit dich mein Saft nicht allzu schnell verlassen kann, und küsse dich weiter. Ich wandere

sukzessive mit meinen Küssen an dir herab, und kümmere mich lange und intensiv um deine Brüste, bevor ich langsam meinen Schwanz aus dir ziehe, auf die Knie gehe und ganz knapp vor deiner Muschi verharre. Du spreizt leicht die Beine und ich sehe wie mein Saft aus dir heraus fließt …
Ich berühre dich sanft mit meiner Zungenspitze an deiner empfindlichsten Stelle und dringe mit zwei Fingern tief in dich ein …
So jetzt hab ich einen schmerzhaften Ständer …
Was ich mir auch gerade vorstelle, ist, dass du nicht nackt unter dem Kleid bist, sondern, dass ich einen Slip spüre, den ich dir erst ausziehen muss. Der ist dann so richtig schön feucht und trägt deinen Geruch. An dem rieche ich mit Genuss, während ich in dich eindringe …

Ich habe jetzt geschaut, ob ich irgendwie früher nach Salzburg kommen kann, aber so wie es aussieht, wird es wirklich August werden … :-(. Wenn man bedenkt, was sich da alles an Lust und Vorfreude aufstaut, habe ich schon etwas Angst davor :-).<

Kurz danach eine weitere E-Mail:

>Noch besser:
Du öffnest mir die Türe, weichst ein paar Schritte zurück, greifst dir unters Kleid, ziehst dir den Slip selber aus und hältst mir dieses feuchte Prachtstück als Einladung entgegen ...

Den Rest wie in der anderen E-Mail .-)<

Ich antwortete:

>Ich bin jetzt hier bei mir zu Hause ... sitze in meinem Garten mit kurzem Kleid und nichts darunter ... meine Muschi wird nass und nasser und sehnt sich ganz tief durchdrungen zu werden ... ich liege vor dir mit weit gespreizten Beinen ... ich sehe uns ... und genieße dieses Bild.
Ich spüre wie du von vorne ganz, ganz langsam in mich eindringst, immer tiefer, Millimeter für Millimeter ... und ich in einer wunderbaren sanften Welle komme, mein Körper unter dir bebt … Und wenn die Welle verflacht, bitte ich dich darum, dich auf den Rücken zu drehen, um unverzüglich auf deinem prallen, ganz harten, wunderbaren Schwanz wild und ungebändigt zu reiten ... bis Lava aus mir ausbricht und meine Lust zum absolut ultimativen Orgasmus aufsteigt, in dem du dich dann mit mir gemeinsam in mir ungehemmt zu ergießen beginnst …

Wir sind doch wirklich flexibel und vielfältig, oder ... ???
In Gedanken lecke ich gerade ganz sanft mit meiner Zunge um deine glänzende harte Eichel ... ganz zart und doch voller Lust …
Hab ein schönes Wochenende … mit prickelnden Gedanken<

Kurz danach deine Antwort:

>Obwohl es noch sehr theoretisch ist, könntest du dir vorstellen, mir am Dienstag, in beschriebener Weise, so gegen 9 Uhr, die Türe zu öffnen? <

Ich bin fast wahnsinnig geworden, als ich diese E-Mail bekam, die ich im Garten meiner Freundin Laura - nackt in der Sonne liegend - gelesen hatte.
Unglaublich, was ein Mann doch möglich machen kann, wenn ihm etwas scheinbar wirklich wichtig ist.
Ich bekam sofort darauf auch eine SMS, weil du eine prompte Antwort brauchtest.
Selbstverständlich war ich bereit, dir am Dienstag die Türe zu öffnen, um dich einzulassen …
Aber vielleicht ganz anders als in deiner Fantasie.

>Natürlich kann ich mir vorstellen, dich am Dienstag zu empfangen. Bist du auch offen für eine Überraschung?<

Du machtest es möglich, statt nach einem Monat schon wieder nach einer Woche zu kommen und wir begannen uns in die wildesten Fantasien zu schaukeln, bis ich nach dem Lesen deiner wunderschönen Gute-Nacht-Geschichte *Eine Sommernacht,* die du für mich geschrieben

hast und anschließendem geilen Sex am Telefon, Angst bekam, dass die Realität nur mehr ein Abklatsch von all unseren Fantasien werden könnte.
Ich bat dich, die beiden letzten Tage bis zu unserem Wiedersehen in Schweigen zu verbringen.
Ich hatte plötzlich Panik all der Intensität unserer Fantasien nicht mehr gewachsen zu sein, weil ich so etwas noch nie zuvor erlebt hatte.

Und du hieltest tatsächlich durch, bis zu dem Moment, als du das zweite Mal vor meiner Türe ankamst.

Obwohl ich dich um Schweigen gebeten hatte, konnte ich diesen Zustand selbst kaum ertragen, du reagiertest nicht einmal auf meine erste erotische Geschichte, die ich dir, inspiriert durch *Eine Sommernacht*, geschrieben hatte. Mit meiner Geschichte *Kidnapping* hoffte ich doch wenigstens eine kurze Antwort von dir zu erhalten.

>Betreff: Kidnapping

... das war ein Tag ... an meinem Fluss ist schon fast ein ganzer Erotikroman in meiner Fantasie entstanden ... und nicht nur das Wasser des Flusses ist geronnen!!!
Ich hab von dort ein kleines Geschenk für dich mitgenommen ... ich ließ meinen Saft darauf

rinnen und es in der Sonne trocknen.

Und hier meine heutige Gute-Nacht-Geschichte für dich ... *“Kidnapping“*- siehe im Anhang ...<

Nichts kam von dir - du hast meine *Bitte* beinhart erfüllt.
Es war beinahe unerträglich.
Das war deine einzige kurze Antwort am nächsten Tag:

> :-) :-) :-) <

Nichts Weiteres kam als Reaktion auf meine aufregende Geschichte, die ich für dich geschrieben hatte.
Ich konnte es nicht fassen ... nichts sonst.
Ich bin fast wahnsinnig geworden - wirklich nichts!
‚Ich wollte es doch so - aber jetzt ... bitte melde dich doch!‘
Meine Gedanken spielten verrückt und ich hatte plötzlich unbeschreibliche Verlustängste, die mich gewaltig aus der Balance brachten.
Ich erkannte, welch tiefe Ängste ich in mir trug.
‚Wird er mich sitzen lassen, einfach wortlos aus meinem Leben verschwinden ...?‘...

Doch du bist wieder gekommen, und meine Überraschung ist gelungen!

Wir haben uns eine Woche nach unserer ersten

Begegnung endlich wieder getroffen. Du hast es möglich gemacht, dir für
einen ganzen Tag Zeit zu nehmen, um mich ein weiteres Mal für viele Stunden mit kurzen Pausen in jeder erdenklichen wundervollen Form zu vögeln, bis wir beide vollkommen gesättigt waren.

Beim Abschied meintest du, dass wir uns nun tatsächlich erst wieder Mitte oder Ende August sehen würden - in mehr als einem Monat.

Wir hatten relativ wenig Kontakt dazwischen, weil du mit deiner Familie auf Urlaub warst.
So blieben uns bloß die wenigen Momente unserer Kommunikation per E-Mail und ganz selten per SMS.

Ich fühlte mich in dieser langen Zeit oftmals entsetzlich und wurde vor allem mit meinen wirklich tief sitzenden Verlustängsten, die mich immer wieder quälten und mir die Zeit des Wartens manchmal unerträglich werden ließen, konfrontiert.
Zusätzlich belastete mich der lange sexuelle Entzug.

So schrieb ich dir einfach zwischendurch immer wieder und hoffte auf eine Antwort von dir:

>**Betreff: Entzug**

Es ist ja kaum auszuhalten …
Zuerst fickt er mich wund … dann schafft er es tatsächlich, mich auf Entzug zu bringen …
Noch träume ich von diesem unglaublich tollen Mann,
seinem schönen muskulösen Körper,
seinem tiefen Blick,
seinen Händen, die mich berühren und streicheln…
seiner wendigen Zunge, die mich so herrlich küsst und liebkost,
meinen Mund und meine Lotusblüte leckt, bis sie sich ihm ganz weit und pulsierend öffnet.
Ich träume von seinen Händen,
die meine Brüste, meinen Hals, meinen Hintern, meine nasse Muschi (die so große Sehnsucht nach diesem so herrlich harten, prallen Schwanz hat, der sich nach vielen lustvollen Wellen der Ekstase in ihr ergießt),
sanft und doch fest berühren …
Ich genieße diesen wunderschönen Schwanz, den ich mit meiner Zunge liebkose und dessen Saft ich trinke, wenn er sich immer wieder in mir ergießt …

Es ist unglaublich, welche Lust,
welche Fantasien, welche Wünsche du in mir erweckst!
Du hast keine Ahnung, wo ich dich in meinen Gedanken - meinen Fantasien - überall ficken will …

Wenn ich zufälligerweise einmal nach Wien komme, du möglicherweise auch gerade dort wärst, und ich dich unerwartet in einem ganz feinen traditionellen Wiener Kaffeehaus treffe ... gehen wir dann auf die Herren- oder Damentoilette?...
Ich habe nichts an unter meinem Kleid ...<

Deine prompte Antwort darauf:

>*... würden meine Finger dann ein heißes, feuchtes pochendes Loch vorfinden, in das sie langsam eindringen könnten, während du meinen harten Schwanz fest gegen deinen geilen Arsch gepresst wahrnimmst, sein heftiges Pulsieren spürst ...?*
Du bist tatsächlich eine Superfrau und sensationell hemmungslos beim Ficken?<

Meine unverzügliche Antwort:

>*natürlich würdest du das vorfinden ... weil es mit DIR einfach so unbeschreiblich Spaß macht und grenzenlos geil ist...*
Ich lese einen Satz von dir und spüre, wie erregt *sie* wird ... Warum kann denn die Zeit nicht beschleunigt werden? ... damit ich dann diesen harten Schwanz endlich nicht nur auf meinem Hintern, sondern vor allem ganz tief in mir spüren kann!!!!????
Und deine Küsse sind so gut …
Und dein Geruch …

Und dein schöner Körper …
Und einfach dieser MANN, der DU bist …

Du hast ja keine Ahnung, welch große Lust ich auf dich habe ... auf dir zu reiten, während du mich anfeuerst, damit ich mir einen Orgasmus nach dem anderen holen kann. Ich glaube, Du kannst mir *ALLES* sagen, ich mag all die Vulgarismen einmal von dir hören. Ich möchte erleben, wie du mir all das sagst, was ich bisher nie hören wollte ... ich will dich ficken, bis ich nicht mehr kann. Danach möchte ich, dass du mich umdrehst und mir auf meinen Körper - über den Rücken und meinen festen Po - spritzt …

Und irgendwann, irgendwo - zwischen ganz vielen Menschen - streifst du vorsichtig meinen Rock über meine Schenkel hoch und führst mir deine Finger in meine triefend nasse Muschi, die sich nach deinem Schwanz in grenzenloser Lust verzehrt ...

Warum habe ich bloß so eine unbändige Lust auf DICH????? Ich ertrage das Warten nicht mehr.

Schlaf gut ... schöne Träume :-))))<

Meine sich aufbauende Lust inspirierte mich zu immer mehr Geschichten, die ich nun tatsächlich begonnen hatte für dich niederzuschreiben.

Und immer wieder waren es bloß Zeilen, die ich von dir zwischendurch bekommen habe:

>Betreff: Wiedersehen

Das Erste, was ich mache, wenn wir uns wiedersehen, ich küsse dich, hebe deinen Rock, schiebe dir meinen harten Schwanz langsam tief in deine Muschi, bleibe drinnen, küsse dich ...<

Es macht mich verrückt.
Du machst mich verrückt.

Ich ertrage sie kaum noch,
diese ungezügelte unbändige Lust nach mehr!
Wann kommst du endlich wirklich wieder?

Ich bin wirklich süchtig nach unseren intensiven Begegnungen.

Doch blieb mir nichts anderes übrig, als mich zwischen all unseren Treffen, in denen ich mich immer wieder in Geduld üben musste, mit meinen Geschichten zu begnügen …

Ich versank während der gesamten Zeit in einer Welt der lustvollen Fantasien, die mich in Traumreisen eintauchen ließen und der Visionen, die mir ermöglichten, meine tiefsten Sehnsüchte aber auch Lebensträume zu erkennen …

Kidnapping

Ein Mann - sein Name ist Andreas - ist am Weg zu seiner Geliebten.

Obwohl sie erst eine lustvolle, erotische und außergewöhnliche Begegnung miteinander hatten, weiß er, dass er diese Frau mit jeder Faser seines Körpers wieder erleben will, dass er mit dieser Frau die sexuelle Lust und Ekstase in allen Facetten durchleben kann, dass diese schöne und lustvolle Frau offen ist für *ALLES*, was sie mit ihm, diesem unglaublich kraftvollen Mann, erleben kann - Sex in allen Formen, Varianten, Nuancen und pure Erotik.
Er blickt auf die Uhr, es ist 08:40 Uhr, noch knapp 50 Minuten, bis sie ihm die Türe öffnen wird.
Er kann es kaum noch erwarten in ihren Armen zu sein, in sie einzudringen - *‚was es wohl für eine Überraschung geben wird?‘* Sie hatte ihm eine Überraschung versprochen.
In Gedanken ist er schon ganz mit ihr, seine

Fantasien sind ausschweifend und lustvoll, sein Penis prall und hart, wenn er sich vorstellt, *dass sie nun neben ihm im Auto sitzt und, während er auf der Autobahn den Wagen lenkt, langsam mit ihrem Kopf zu seinem Schoss gleitet - er riecht ihren Geruch durch den Duft ihres Parfums und genießt ...*
Plötzlich rasen zwei Wagen mit Blaulicht und Sirene an ihm vorbei und lotsen ihn zum nächsten Parkplatz. Er kann nicht mehr entkommen.
‚Bin ich in meiner ausschweifenden Fantasie womöglich zu schnell gefahren?‘
Dann überschlagen sich die Ereignisse.
Er bremst seinen Wagen, während die beiden anderen rechts und links von ihm stehen bleiben, vor ihm steht ein dritter Wagen. Kaum hat er die Tür geöffnet, springen von beiden Seiten Uniformierte auf ihn zu, zwei Männer und zwei Frauen packen ihn von rechts und links, drehen ihm seine Arme auf den Rücken, legen ihm Handschellen an und verbinden ihm unverzüglich die Augen mit einer Augenbinde. Sein Herz rast.
‚Was wollen die von mir?‘
Sie bringen ihn nach vorne und schieben ihn auf den Rücksitz eines Wagens.
Das Auto beginnt sich in Bewegung zu setzen.
Plötzlich vernimmt er Atemzüge an seinem rechten Ohr - der Geruch, er kennt ihn. *‚Ist es nicht ihr Parfum?‘* Der Atem wird intensiver und nähert sich seinem Gesicht, eine Hand liegt

unerwartet in seinem Schoss - er kennt diese Energie - unverzüglich wird sein Penis hart. Dieselbe Hand ergreift ihn über der Hose, ganz sanft spürt er die Finger, während ein feuchter Frauenmund seine Lippen berührt. ‚*Sie muss es sein*', er hat ihren Geruch von letzter Woche noch gut in Erinnerung. Sie führt ihre Zunge zwischen seine Lippen und küsst ihn wild und innig. Sein Penis ist zum Bersten prall. Er will sich bewegen, ihre Küsse erwidern ... in dem Moment drückt sie ihm eine Maske auf Mund und Nase, er versucht sich zu wehren, atmet tief und heftig ... und versinkt unverzüglich in einen Wirbel von Weite.

Im Nebel sieht er sie in der Ferne tanzen, ihr dunkles Haar wehen ... ganz an einer anderen Stelle sieht er sie im Wasser stehen - nackt - ihre Brustwarzen hart aufgerichtet von der Kälte des Wassers ... er will zu ihr hin und sie entschwindet ... das nächste Bild taucht auf ... sie liegt auf einem Felsen mit weit gespreizten Beinen - ihre Muschi glänzt und ist prall vor Lust - sie fängt an ihre Hüften sanft auf und ab zu wiegen ... er will hin und sie entschwindet.

Überall sieht er ihr Bild, lachend, weinend, vor Lust bebend und schreiend ...

Er wird wahnsinnig, weil sie ihm immer wieder entschwindet ... und er fällt in einen tiefen traumlosen Schlaf.

Irgendwo aus der Ferne hört er plötzlich Stimmen, weit weg, ganz weit weg.

Langsam nimmt er seinen Körper wahr.
‚Wo bin ich?'
Er kann seine Augen nicht öffnen, er versucht es, doch sind die Lider noch schwer.
Er fühlt sich auf einem weichen Stuhl sitzen, von hinten das Geräusch von Wellen, sanfte Musik in der Ferne, Stimmen.
Er bemerkt, dass er nackt ist.
‚Wo bin ich denn bloß - was ist geschehen?'
Er weiß von nichts.
Er öffnet seine Augen und sieht nichts.
Seine Augen sind verbunden.
Irgendwie taucht eine Erinnerung auf.
Er hat Durst, leckt seine Lippen.
Im nächsten Moment wird ein Glas an seinen Mund geführt.
Er trinkt einen Schluck Wasser.
‚Wo bin ich?', er versucht zu sprechen, doch ist seine Zunge zu schwer.
Langsam öffnet ihm jemand die Augenbinde.
Zwei schöne feste Brüste, sind das Erste, was er sieht ... schon wieder entschwinden sie seinem Blickfeld ... er ist geblendet vom Licht in diesem Raum, er kann seinen Kopf nicht zur Seite drehen, er ist angegurtet in einem weichen Lehnstuhl, nackt und angegurtet.
Die Atmosphäre im Raum ist erfüllt mit Lust und schweren Düften.
Aus den Augenwinkeln nimmt er einige Männer und Frauen wahr, alle sind nur mit einem Lendenschurz bekleidet ... sie haben wunderschöne muskulöse Körper, die Männer

sehen aus wie Bodyguards - jeder hat eine Waffe an seiner Hüfte - die Frauen haben kleine bis mittelgroße feste Brüste. Sein Penis beginnt sich zu bewegen, wenn er diese schönen Brüste und makellosen Körper sieht.
‚Was ist das hier?‘
Er kann sich nicht erklären, wo er ist.

Langsam werden seine Augen klarer, sein Blick fällt nach vorne.
Er sieht eine wunderschöne samtbezogene Liegefläche, auf der ein Mann nackt liegt, den Kopf nur knapp 50 cm von ihm entfernt - ein unglaublicher Körper.
Eine bezaubernde Blondine geht auf die Liegefläche zu und beginnt den Penis dieses Mannes in ihre Hand zu nehmen und gleich darauf daran zu saugen, bis er steif und hart in die Höhe ragt.
‚Was für ein Riesenschwanz das ist, dick und prall.‘
Andreas wird noch erregter, doch bemerkt er, dass er nichts sagen darf ... die Atmosphäre ist zum Bersten.
Als der Penis des liegenden Mannes kraftvoll in die Höhe ragt, in voller Erwartung, was da kommen mag, taucht vom anderen Ende dieses Lagers, das auch noch mit Rosenblättern und -blüten bedeckt ist, eine Frau auf. Langsam erscheint sie vor seinen Augen, dunkles langes gelocktes Haar umschmiegt das durch einen roten transparenten Schleier verhüllte Gesicht.

Sie steigt mit ästhetischen Bewegungen auf die Liege, trägt einen schwarzen BH aus Spitze, unter dem ein schöner muskulöser Bauch zu erkennen ist - irgendwie kommt ihm dieser Bauch bekannt vor. *‚Nein, sie kann es nicht sein!‘*
Sie steht nun in voller Statur über dem erigierten Penis, der immer mehr zu pochen beginnt - schwarzes Spitzenhöschen, schwarze halterlose Spitzenstrümpfe und rote High Heels - *‚sie muss es sein! Nein, das kann nicht sein - sie ist doch nur auf mich geil!!‘*
In diesem Moment dreht sie sich um und streckt ihm über dem Kopf des liegenden Mannes ihren vom Stringtanga umrahmten Hintern entgegen. *‚Sie muss es tatsächlich sein, das ist eindeutig ihr geiler Arsch, den ich letzte Woche gesehen und gefickt habe.‘* Sie beugt sich langsam vor, das Höschen ist unten durch zwei Schlitze geöffnet und er sieht knapp vor seinem Gesicht, sich diese glänzende geile Pussy weit öffnen. Er will sich vorbeugen, um sie zu lecken ... er kann nicht.
Er ist zu fest angegurtet.
‚Verdammt, der steife Schwanz tut schon richtig weh!
Bin ich da in meiner eigenen Fantasie gelandet, die ich letzte Woche mit ihr geteilt habe?‘
Sie dreht sich um, immer noch mit verdecktem Gesicht und setzt sich mit ihrer nassen Muschi auf diesen prallen großen Penis ...
‚Meine Güte, sie tut es wirklich. Ich habe ihr

doch gesagt, dass ich mir wünschen würde, ihr beim Reiten eines anderen Mannes zuzusehen. Aber, dass sie es wirklich tut. Will ich das immer noch? Sie fickt ihn tatsächlich ...'
Er will aufschreien und spürt sofort eine Hand auf seinem Mund, unsanft wird er von einem ihrer Bodyguards zum Schweigen gebracht.
Langsam beginnt sie den anderen Schwanz zu reiten, während sie das Tuch vom Gesicht zieht, sie ist wunderschön und sie ist es. Geilheit kommt aus ihren Augen, die nur mehr in die seinen starren, tief und ohne auszuweichen, während sie den anderen Schwanz mit ihrem biegsamen Körper umtanzt und reitet, langsam, dann fester und immer wilder.
Er schreit: „Du geile Schl.... !" In dem Moment haut ihm eine Männerhand auf den Mund, er will sie anfeuern: „Gib´s ihm, du Hu..!" Eine Frauenhand drückt ihm unsanft den Mund zu.
Er will sie doch nur ermutigen, sich zu nehmen, was sie möchte.
‚Es macht mich tatsächlich noch geiler, sie den anderen reiten zu sehen. Ich weiß ja, dass sie eigentlich mich will und es vor allem für mich tut.'

Alle im Raum Anwesenden - außer ihm - kennen allerdings ihre Lebensgeschichte und sie hasst diese Worte, mit denen ihr Vater sie immer wieder erniedrigt hatte. Sie wissen, dass sie jetzt nur frei wird, wenn sie sich unbändig, leicht und unbeschwert unter seinem Blick dort

bewegen kann. Doch sie hat ein wenig von dem vernommen, was er sagen wollte - plötzlich sieht er Angst in ihren Augen, ihr Körper wird starrer … er blickt sie mit unendlicher Lust an und sie kann spüren, dass in diesem Blick keinerlei Forderungen an sie gestellt sind, nur das reine, tiefe Begehren ...
Er begehrt sie so sehr, sie als ganze Frau - und sie ihn.
Sie will nur keine Erwartungen erfüllen müssen, wenn sie es nicht möchte ...
Sein Blick sagt ihr, dass sie alles tun darf und nichts tun muss.
Wie gerne sie sich jetzt in ihrer Lieblingsposition zum Orgasmus reiten will, in jener Position, die ihr die größte Lust und auch die größte Angst bereitet ... in der sie immer ihren Vater reiten musste, um sich selbst in die Orgasmen zu schreien, in der sie von ihm zur *Hure* gemacht wurde - unter Schlaftabletten versetzt, einem fetten Ägypter als junges Mädchen übergeben worden war …

In dieser Position kommt sie allerdings am besten zu den höchsten vulkanartigen Ausbrüchen ihrer Lust und Ekstase.
Diese Position kann sie aber auch dazu bringen, einen Mann und sich selbst zutiefst zu verachten und dadurch vollkommen ihr Begehren auf ihn zu verlieren.
Endlich will sie nur mehr genießen und frei sein von allem Alten, frei von der Vergangenheit …

Sie weiß, dass er ihr für diese Befreiung gesandt wurde ... der erste Mann, mit dem sie einfach *ALLES* erleben will, unbändig und ungezügelt … *für ihn ist sie sogar bereit, seine Fantasie zu erfüllen und einen anderen zu reiten*, aber nur, wenn er sie mit seinem Blick fesselt und ihr zeigt, dass alles erlaubt ist, sie aber nichts tun muss, was ihr nicht selber höchste Lust bereitet.
Sie will, dass er ihr dabei zusieht, um danach ganz für sie bereit zu sein …

Er spornt sie mit seinem Blick der Lust an und vermittelt ihr, dass sie sich trauen darf ...
‚Wie sehr ich sie begehre - sie erfüllt mir tatsächlich meine Fantasie, die ich das erste Mal in meinem Leben mit einer Frau in dieser Weise erlebe.‘
Sein Blick ermutigt sie, es zu wagen und weiter zu machen.
Sie fordert den anderen auf, seine Beine auszustrecken, sodass nur sie die Tiefe und das Tempo bestimmen kann, und beginnt immer wilder und ungezügelter zu reiten, während ihre Augen unverwandt die seinen suchen, bis sie in einem erlösenden, lustvollen Schrei alles hinausschreit. Ihr gesamter Körper bebt und zittert, während sie immer noch mit ihren Augen größten Begehrens in seine Augen starrt.
In dem Moment kommt auch er … sein Schwanz ergießt sich ohne Berührung, spritzt eine Fontäne, die sie trifft, so geil ist er auf

dieses Weib, das seinen Saft nun über ihr Gesicht und ihren Körper strömen lässt und … befreit, endlich befreit von alten Einschränkungen von dem anderen Körper herabsteigt. Sie beginnt sich langsam und voller Lust, die sie immer noch in sich hat, die nur ihm gilt, auf ihn zuzubewegen, während sie sich BH und Höschen auszieht, die Strümpfe langsam von den Beinen streift und die High Heels stehen lässt.

Sie will jetzt IHN - nackt und frei!!
Um den anderen kümmern sich zwei der anwesenden halb nackten Frauen - sie führen ihn in einen Nebenraum, um auch ihm Erleichterung zu verschaffen.
Noch sind andere Menschen im Raum.

Sie fixiert ihn mit ihrem Blick tiefen Begehrens und befreit ihn von den Körperfesseln, damit er seinen muskulösen Männerkörper endlich richtig bewegen kann. Schon kniet sie sich vor ihm hin und leckt noch die Reste seines Ejakulats von seinem Penis, um dann seinen Körper entlang hoch zu gleiten und sich auf seinen Schoss zu setzen.
Innig und lustvoll beginnen sie einander zu küssen, sein Penis fängt erneut an sich zu regen - was für ein potenter Mann. Wie sehr sie sich so einen gewünscht hat.
Er lässt seine Hände auf ihre kleinen aber so unglaublich sensiblen Brüste gleiten und

liebkost sie sanft, ihre Brustwarzen werden hart und ein Schauer geht durch ihren Körper. Wie unbeschreiblich sie diese Liebkosungen liebt - er beginnt zu saugen und Tränen rinnen über ihre Wangen, sogar ihre Nase fließt, so tief erschauert sie unter dieser berührenden Berührung ihrer Brüste.

Sie weiß, dass sie mit ihm sicher ist und entlässt die anderen aus dem Raum.

Sie sind nun endlich alleine!

Nun ergreift sie seine Hände und zieht ihn sanft auf die Liege, wo er ihre Beine entlang leckend nach oben gleitet, um diese geile Muschi endlich zu schmecken, überall schon rinnt ihr Saft hin und sie genießt, so wie sie schon lange nicht mehr genossen hat.

Nur in kurzen Momenten taucht ihre alte Angst auf ... er spürt es sofort ... die Angst, dem anderen etwas erfüllen zu müssen, was sie in dem Moment nicht will ... er spürt es ... gleitet über ihren Körper nach oben und blickt ihr tief in die Augen. Sein Blick versichert ihr, dass er niemals etwas von ihr verlangen würde und nur all das mit ihr erleben möchte, was beide miteinander wirklich wollen. Er weiß doch, wie sehr diese lustvolle, so unglaublich erotische Frau fast alles und überall mit ihm ihre ungezügelte Lust ausleben will. Sie will es sanft und hart, sie will ficken, von allen Seiten genommen werden, sie will Stille und im bloßen Atmen mit ihm zum Höhepunkt kommen, sie will es an allen Orten erleben, die

nur irgendwie dafür geeignet sind, sie will schreien, lachen, weinen vor Lust und Begehren, sie will es schnell und dann wieder unendlich langsam und lange.
Und um all das mit ihr zu erleben, ist scheinbar der Anlass, warum er hier her gebracht worden ist.
Sie hat ihn dafür in eine ihm völlig unbekannte Umgebung entführen lassen …

Er sieht in ihre Augen, die sich wieder entspannen, so wie auch ihr Körper, und gleitet mit seinem so kraftvollen, ganz harten Penis unendlich langsam in sie hinein, sodass sie schon in dieser Langsamkeit ihren ersten sanften Orgasmus erlebt ... ihr Körper bebt vor Lust, er bleibt still in ihr und eine Welle folgt der anderen, die immer wieder ihre Hüften aufbäumen lässt. Plötzlich wird er mitgetragen auf diesen Wellen und erlebt ebensolche Höhepunkte wie sie.
Er erlebt Orgasmen ohne Ejakulation. Wie ist das möglich - er ist doch ein Mann?!
Sie will immer noch mehr und bittet darum auf ihm reiten zu dürfen, diesen so harten Schwanz will sie nun ganz tief und fest in ihrer vor Lust pulsierenden Pussy spüren ...
Er dreht sich für sie auf den Rücken - sie kann sich kaum noch halten vor Sehnsucht, beginnt sich ganz langsam zu bewegen, um immer wilder zu werden, unendlich wild, angstfrei, ohne ihr Begehren zügeln zu müssen - er ist

einfach da mit seinem Schwanz in ihr, der sie vollkommen ausfüllt und erfüllt. Nun schreit sie sich von einem zum nächsten Orgasmus, ungehemmt und ungezügelt, um danach zitternd und bebend, weinend und lachend, auf seinen Körper zu fallen und sich an ihn zu schmiegen. Sie braucht seinen Körper ganz an ihren gepresst, während ihr Körper noch lange nachbebt, bis alle Wellen der Intensität in absoluter Stille versinken.
Dankbar küsst sie ihn, unendlich erfüllt und erleichtert.

Nach einer kurzen Pause gleitet ihr Gesicht seinen Oberkörper entlang nach unten.
Meine Güte, wie sie diesen schönen Penis begehrt - sie leckt ihren eigenen Saft und nimmt dieses pralle Stück in ihre Hand, umspielt mit der Zunge seine Eichel und knetet mit der anderen Hand die Hoden. Sein Atem wird heftiger ... nein, sie will noch nicht, dass er kommt.
Sie lässt von seinem Penis ab, dreht sich um und streckt ihm kniend ihren Hintern entgegen, da sie weiß, wie sehr er es genießt, sie auf diese Weise zu vögeln. Er nimmt sie von hinten, zuerst wieder ganz langsam, um dann immer schneller zu werden und sich letztendlich wild aufbäumend in ihr zu ergießen. Das lässt auch sie noch einmal kurz erschauern, spürt sie den heißen Saft doch ihren ganzen Körper durchströmen - in jede Zelle scheint er zu

fließen.
Erleichtert sinken sie danach einander in die Arme.
Unendlich erfüllt.

Nach einem kurzen Schlaf erwacht, blickt er um sich ...
Er weiß noch immer nicht, wie und wieso er hierhergekommen ist.
Sie erklärt ihm, dass er mit ihr am Ozean ist, fern von der Heimat, um hier mit ihr eine Woche der menschlichen Zeitrechnung gemeinsam zu verbringen, diese Woche aber nicht vergangen ist, wenn er in seinen Alltag zurückkehren wird.
Er versteht das nicht ... *er wird vermisst werden!*
Sie versichert ihm, vollkommen in Ruhe hier sein zu können, weil seine Abwesenheit von niemandem wahrgenommen wird, und meint, dass er ihr schon vor drei Monaten gesandt worden war. Zu dieser Zeit durfte sie ihn aber noch nicht als den erkennen, der sie in ihre vollkommene sexuelle Befreiung begleiten kann. Damals musste sie noch einiges aus der Vergangenheit aufräumen, damit sie endlich das Neue so frei und unbeschwert erleben darf, wie jetzt mit ihm!
Deswegen hat er sich erst nach so langer Zeit wieder bei ihr gemeldet, obwohl sie schon bei ihrer Erstbegegnung so unendlich angezogen voneinander waren.
Wie gerne hätte sie ihn in der Kraftkammer

gevögelt, im Turnsaal, am See ... einfach überall ... und er mimte das arrogante Arschloch - wie schön, dass er es nicht ist und auch keiner von den Idioten, die aus Angst sich einzulassen, perverse Machtspiele von Distanz und Nähe beginnen und Frauen nur für ihre eigenen Zwecke benutzen.
Sie ist so froh, dass er Taten statt Worte sprechen lässt und dazu steht, genauso geil auf sie zu sein, wie sie auf ihn ... keine dummen Spiele ... Klarheit und Offenheit - das macht ihn noch viel begehrenswerter für sie.

Sie erklärt ihm deutlich, dass er hier außerhalb von Raum und Zeit mit ihr ist. Ob er das tatsächlich verstehen kann? Es spielt jedoch keine Rolle ...

Ich verbringe nun eine wunderbare Woche hier mit dir, um all das zutiefst Ersehnte zu erleben, meine Bodyguards haben sich zurückgezogen.
Für eine Woche bin ich an einem atemberaubend schönen Platz mit dir in vollkommener Zweisamkeit.

Am Wasserfall vorm Haus vögeln wir uns über alle Felsen und durchs Wasserbecken. Wir genießen jeden Moment …

Am Strand erleben wir unsere erste tantrische Begegnung ... wir sitzen nackt voreinander und blicken uns bloß in die Augen, unendlich lange.

Ich betrachte deinen wunderbaren muskulösen Männerkörper, den ich in mir, auf mir, unter mir - überall - spüren möchte, du siehst mich an und ich fühle mich einfach schön unter deinem Blick ...
Unser Atem geht tief und regelmäßig - vollkommen im Gleichklang, bis uns gemeinsam sanfte Wellen durchströmen - wie Magneten zieht es uns zueinander und wir gleiten erregt und doch sanft ineinander ...
‚Mein Gott, wie ich dich begehre, Andreas.‘
Dein Lingam stößt meine Yoni zuerst ganz sanft, dann immer fester ... weil alles erlaubt ist, einfach alles, was Lust und Freude bereitet.

Im Meer lieben wir einander wie die Delfine, wir schwimmen - du von hinten in mir - gemeinsam durch das türkisblaue Wasser ... einfach ein Genuss.

Immer wieder wirst du ein wenig unruhig, weil du immer noch vermutest, vermisst zu werden.
Vertraue mir doch.

Nach einer Woche, in der wir absolut alles in dieser wunderschönen Umgebung miteinander erlebt haben, was wir wollten ...
wir haben unendlich wild gefickt,
wir haben stundenlang geküsst,
wir haben köstlich gegessen,
wir haben gemeinsam geatmet,
wir haben uns in vollkommener Stille vereint,

wir haben alle Plätze in dieser wunderschönen Umgebung aufgesucht, alle Positionen ausprobiert, einfach alles, was uns guttat, miteinander erlebt!!
... hast du ohne Vorwarnung das Gefühl in einen Strudel gezogen zu werden ...

‚... was war geschehen?‘

Andreas hat das Gefühl aus einem *Zeitloch* gekommen zu sein.

Er blickt auf die Uhr, 08:41 Uhr - noch knappe 50 Minuten!
‚Warum kann es bloß nicht schneller gehen, bis ich endlich bei ihr sein kann?‘
Sein Penis ist vollkommen hart.
‚War da nicht etwas?‘
Irgendwie fühlt er sich ziemlich durcheinander.
Er hat das Empfinden, aus einem Traum zu erwachen.
Er riecht schon wieder ihren Geruch ...
‚Was für eine begehrenswerte und schöne Frau sie doch ist.
Warum hab ich sie erst vor 10 Tagen kontaktiert, ich Idiot?
Was ich mit diesem geilen, lustvollen, erotischen Weib schon alles erlebt hätte ...
Sie leckt ja meinen Schwanz genauso gern wie ich ihre Muschi - wenn sie mir jetzt nur einen blasen würde, damit die Fahrt schneller vergeht...‘

Seine Gedanken überschlagen sich …
‚Ein Wahnsinn, bald stehe ich vor ihr ... was wir wohl heute erleben dürfen? Eine Überraschung will sie mir bereiten ...
In der Fantasie habe ich echt nichts ausgelassen, mit dieser Traumfrau.
Aber der Moment ... was wird sein, wenn sie die Türe öffnet?‘

09:29 Uhr ... Einfahrt Libellenweg …

Ich bin schon ganz aufgeregt, dich zu empfangen.
Nass ist sie, meine *Lustblüte,* ganz nass, weil ich so geil auf dich bin und so aufgeregt erregt.

Es läutet.

Ich öffne meine Türe,
blicke dir in die Augen.
Du schaust mich an, ganz tief ist dein Blick.

Ich sperre zu ...
Stille ...
Endlich bist du da!

Vielleicht beginnt aber dieses neue Abenteuer ganz anders ...

So geschah es auch ... ich hatte eine wunderbare Überraschung für dich vorbereitet und wir verbrachten erneut eine außergewöhnliche Zeit

von acht Stunden, die uns in einen Strudel der Ekstase tauchen ließ.
Wir hatten diesen einen hemmungslosen Tag, an dem wir uns erneut Stunden um Stunden um Stunden sanft, wild, ausgelassen, von vorne, von hinten, ich auf dir, unter dir, vor dir, fickten und nichts ausließen, was uns in unserer ungezügelten Lust in den Sinn kam, *absolut nichts*.

Danach bist du tatsächlich allzu lange nicht mehr gekommen und ich ließ in diesen Wochen des Wartens immer wieder meine Gedanken ein wenig in meine unmittelbare Vergangenheit gleiten …

In mir entstand mehr und mehr eine eigene Welt der Fantasien und der Erinnerungen.

Was sich so alles in den letzten Monaten bei mir getan hat…

Heißes Dinner

Es ist Hochsommer, ich bin erfüllt mit Lust und Andreas hat keine Zeit für mich.
Immer wieder - egal wo ich gerade bin … am See, am Fluss, in meinem Garten … verliere ich mich in meinen Gedanken und Erinnerungen …

Wieder einmal liege ich nackt in der Sonne und höre ein Auto zu unserem Parkplatz zufahren - mein Nachbar kommt von der Arbeit nach Hause.
Im Hinaufeilen ruft er zu mir herüber: „Hallo Magdalena!“ Ich grüße freundlich zurück und schmunzle vor mich hin …
Meine Gedanken gehen zurück zu einer Zeit, in der ich Andreas noch gar nicht kannte …

Jetzt wohnen wir doch schon einige Zeit einander gegenüber - ich bin vor knapp acht Monaten in mein Apartment eingezogen. Mein *neuer Nachbar* ist ein attraktiver Mann mit Charme, mit Leichtigkeit und Lebensfreude.

Ich muss noch daran zurückdenken, als ich ihn schon vor meinem endgültigen Einzug in dieses Apartment das erste Mal aus meinem Garten seine Eingangstreppe hinauf gehen, eher laufen, sah - ich sah hin, kurz weg, wieder hin und war verwirrt.
‚Wer war das? So ein cooler, attraktiver Typ in meiner Nachbarschaft - der bringt mein Blut in Wallungen und ist so nahe! Was das wohl noch werden wird ...‘

Kurze Zeit später war ich erstmals zum Tee bei ihm eingeladen. In seiner Nähe wurde mir vom ersten Moment an ziemlich heiß und ich fühlte mich sogar ein wenig verunsichert.
Wirre Gedanken gingen mir dort durch meinen Kopf:
‚So ein heißer Mann in meiner Nachbarschaft bietet mir sofort seine Hilfe an. Ob diese Hilfe sich auf alle Bereiche ausdehnen lässt? So wie er spricht, ist er Single. Und seine Energie - sicher ein guter Liebhaber, dafür habe ich doch ein gutes Sensorium. Außerdem riecht er unbeschreiblich gut, dieser außergewöhnlich gepflegte Mensch - den will ich so ganz tief in mich einatmen. Am liebsten würde ich ihn sofort ...‘

Immer wieder fand ich nach unserem ersten kurzen Treffen kleine Geschenke vor meiner Türe.
Wie aufmerksam er doch war - er hatte bloß

einmal gehört, dass meine Lieblingsfarbe rot sei, und schon waren alle kleinen Geschenke in Rot eingepackt, er hatte mir rote Kerzen gebracht und einmal sogar rote Rosen zum Valentinstag.
Was er damit wohl ausdrücken wollte?
Doch eines Tages - recht bald nach unserer ersten Begegnung - ist *eine ‚wasserstoffblonde Tussi'* - ich mag es nicht, so über andere Frauen zu denken, aber gerade spüre ich erneut meine Wut von damals in mir aufkommen *(immer verurteilen wir Frauen zuerst die Frau, statt den Mann, der eigentlich oftmals Auslöser für solche Doppelspiele ist!)* - die Treppe hinaufgegangen.
‚Wer war denn das? Von einer Freundin hatte ER mir bei meinem ersten Besuch nichts erzählt! Er behauptete sehr eindeutig, er sei Single. Er meinte ganz deutlich, wie sehr ich seiner Ex-Frau ähnlich sei, genau der Typ Frau, den er wollte - aber eine Freundin ... er sprach bloß von Geliebten, die er seit der Scheidung hatte. Spüre ich Eifersucht? Ja, natürlich. Vermutlich vögelt er jetzt sie und nicht mich. Na ja, wir werden schon sehen, was noch alles passieren wird. Bloß wenn ich an ihn denke, wird mir heiß, wirklich schlimm. So ein verdammter Lügner. Idiot!'
Ich war damals richtig wütend und auch ein wenig verzweifelt, hatte ich doch das Gefühl immer nur gebundenen Männern in meinem Leben zu begegnen.
Aber ich kenne meine weiblichen Waffen ...

Ich fühlte mich damals belogen und hintergangen.

Doch irgendwann haben wir begonnen, uns dennoch immer öfter zu sehen - bei dir oder bei mir.
Wir beide genießen schönes Ambiente und Atmosphäre. So beiläufig hast du mir dann doch einmal von deiner blonden Freundin erzählt, die du aber auch weiterhin bloß als deine Geliebte darstellen wolltest.
Ich fand und finde es einfach unfair, mich davor nicht wirklich ehrlich aufgeklärt zu haben.
‚So ärgerlich - wieder ein gebundener Mann. Aber das soll doch kein Hindernis sein. Ich will dich ja nicht gleich heiraten.‘
Ich versuchte mich gedanklich auf Distanz zu begeben, und bloß das zu genießen, was an Begegnung möglich war.
Unsere Anziehung wurde mit jeder Begegnung stärker, bis du mich eines Tages heiß und innig geküsst hast, mit dem Argument, dass du dennoch unbedingt *deiner blonden Freundin,* die eigentlich ihrerseits noch verheiratet war, treu sein wolltest.

‚Meine Güte, hast du dich immer wie eine Jungfrau geziert.
Bist du sicher, dass sie sich scheiden lassen wird? Außerdem beginnt Betrug schon, bevor du mir deinen Penis in meine Muschi einführst… Aber ihr Männer scheint da beinahe

alle gleich zu denken. Und wem nimmst du etwas weg? Treu musst du nur dir selbst sein. Stell dir vor, was du versäumst, wenn du dich weiterhin wehrst, mich zu vögeln. Ich spüre genau, wie sehr du es möchtest. Auch ich habe eine unbeschreibliche Lust auf dich. Du hast doch schon von heißem Sex mit mir geträumt, wie du in sehr anzüglichen SMS meintest. Welche Zukunftspläne du schon mit mir hattest - gemeinsame Ausflüge auf deine Lieblingsalm, Essenseinladungen, gemeinsame Ausfahrten im Sommer auf deiner Vespa. Du kannst nicht behaupten, dass so etwas nicht Hoffnung macht. Es ist schon verblüffend, welche Konzepte wir Menschen uns meist machen, noch dazu, wenn sie nur aus dem Verstand kommen. Die bringen doch gar nichts. Sollten wir nicht einfach nur das Leben in seiner vollen Vielfalt auskosten? Unsere Körper wollen etwas ganz anderes. Ich spüre ihn doch immer wieder - deinen heißen, erigierten Penis, wenn du dich von mir verabschiedest und mich umarmst, mich so heiß und innig küsst, dass mir die Energie in Wallungen hochfährt. Mein Gott - und wenn du genauso gut vögelst, wie du küsst und mir zumindest schon einmal auch meine heiße feuchte Muschi geleckt hast - einfach herrlich. Wir werden sicher Spaß miteinander haben. Obwohl ich doch eigentlich nicht mehr bloß die Zweite und eine heimliche Geliebte sein möchte. Aber als Mann würde er ohnedies gar nicht zu mir passen - wir leben doch in einer ganz anderen Welt...‘

So wirre und widersprüchliche Gedanken gingen mir oftmals durch den Kopf, aber mein Ziel musste ich erreichen - dich ganz zu verführen - das hatte ich mir vorgenommen.

Mir durfte kein Mann widerstehen, den ich wollte.

Meine Fantasie, was ich mit dir erleben würde, war ausschweifend und sehnsuchtsvoll.

Und irgendwann dann war es soweit ...

Plötzlich kommt ein unerwarteter Anruf von dir: „Hast du Lust mit mir heute Abend essen zu gehen?“

Ich ganz aufgeregt: „Aber gerne!“

‚Oh mein Gott, der geht wirklich mit mir essen - vielleicht wird er dann ein wenig lockerer.

Was soll ich denn anziehen? Er mag kurze Kleider und High Heels ... schon noch ein bisschen kühl draußen aber dafür umso aufreizender.‘

Also ziehe ich mir mein rotes Minikleid an, meine halterlosen schwarzen Strümpfe und meine hohen Stiefel. Ich lasse nichts aus, um dich zu locken und zu bekommen, was ich möchte.

Nur große Brüste, von denen du bei unseren Gesprächen immer schwärmst, kann ich dir nicht bieten, bloß unglaublich sensible und erregbare kleine feste sehnen sich unendlich nach Berührung.

Pünktlich um 19 Uhr läutest du an meiner Türe.
Oh Gott, wie aufgeregt ich bin.
Du holst mich ab und bringst mich zu deinem Auto, das nicht weit weg von meinem geparkt ist.
Was für ein Gentleman du doch bist, öffnest mir die Autotür auf meiner Seite und sprühst nur so vor Charme. Außerdem hast du schon wieder ein nettes Geschenk für mich vorbereitet.
Es ist doch unglaublich, wie aufmerksam du auf kleine Details achtest. Welche Gedanken du dir machst. Du hast jedes deiner Geschenke genau getroffen. Dieses Mal ein Kaffeehäferl, auf dem eine schwarzhaarig meditierende Frau abgebildet ist - verpackt in Geschenkpapier mit Herzen. So ganz nebenbei meinst du, dass diese abgebildete Frau doch genau zu mir passen würde.
Eigentlich bist du ein Mann zum Verlieben - aber Vorsicht, er hat eine Freundin. Außerdem lebt er so ganz anders als ich. Nur nicht zu viele Emotionen zulassen.
'Na dann, lass uns einfach diesen Abend genießen. Ich habe Lust darauf, mein Leben so richtig auszukosten, jeden Moment zu nehmen und mich daran zu erfreuen. Ich bin doch frei und ungebunden.'

Du führst mich in ein nobles Innenstadtlokal und rückst mir den Sessel zurecht, damit ich mich setzen kann. Wie sehr ich Männer mit Manieren schätze.

Eigentlich bin ich viel zu aufgeregt um Hunger zu haben.
‚Ob ich mich doch in dich verliebt habe? Mein Herz klopft aufgeregt. Das geht gar nicht!‘
Wir bestellen dasselbe, gegrillten Fisch mit Gemüse.
Du sitzt mir gegenüber und ich versinke in deinem Gesicht. Einerseits versuche ich mich auf unser Gespräch zu konzentrieren, andererseits werde ich immer heißer auf dich, ich spüre, wie sich mein Unterleib oftmals pochend zusammenzieht. *‚Wie gerne ich jetzt - hier auf diesem Tisch - von dir genommen werden möchte. Eigentlich bin ich ja eine Tantrika, aber du machst mich einfach nur geil. Kann nicht alles Erfahrene seinen Reiz haben? Ich pfeif auf Tantra - ich will endlich von dir gevögelt werden.‘*
Ich habe das Gefühl, dass es uns beiden ähnlich geht, unsere Anziehung ist überwältigend. Plötzlich springst du auf, kommst auf meine Seite und umarmst mich. Als ob nichts gewesen wäre, gehst du zurück zu deinem Stuhl, um dich wieder zu setzen und 10 Minuten später erneut aufzuspringen, zu mir zu kommen und mir deine Zunge in den Mund zu stecken, um mich kurz und innig zu küssen. All das in einem Restaurant, umgeben von anderen Gästen. *‚Was du dir dabei wohl denkst?‘*
Unser Essen wird serviert … ich nehme ein paar Bissen und kann nicht einmal aufessen, ich habe nur mehr Hunger auf dich, streife mir

einen Stiefel vom Fuß, um diesen dann ganz unauffällig unter dem Tisch zwischen deine Beine zu schieben. Kurz wirkst du verwirrt, um im nächsten Moment zu genießen, was geschieht. Ich streiche meine Zehen und meine Fußsohle über deinen Penis, der in dem Moment ganz hart wird und stelle mir vor, *wie du ihn mir nun so ganz langsam in meine heiße pulsierende Pussy schiebst.* Bin ich froh, dass ich ein Höschen angezogen habe, sonst wäre vermutlich schon ein Fleck auf meinem kurzen Kleidchen. Dann nehme ich meinen Fuß wieder zurück.

Das Dessert kommt.
Wir genießen die süße Köstlichkeit und die prickelnde Erotik.
‚Wir können doch in der Öffentlichkeit nicht so ungeniert sein.‘
Zum Abschluss stellen sie uns noch kleine Trüffelpralinen auf den Tisch. Ich kann nicht mehr widerstehen, meinen Po zu heben und mich über den Tisch zu beugen, um dir eine dieser köstlichen Pralinen in den Mund zu schieben - von Mund zu Mund. *‚Hoffentlich sehen die anderen nicht meinen Hintern. Ich trage doch nur einen String und halterlose Strümpfe unter diesem gar allzu kurzen Kleid.‘*
In diesem Moment riecht es verbrannt. Bei unserer ungestümen Aktion hat deine Serviette die Kerze bedeckt und zu glimmen begonnen. Schnell löschst du das beginnende Feuer, ein

Loch bleibt zurück. Wie peinlich ist es, eine Serviette beim Dinner im Restaurant anzubrennen. Aber unsere Hitze scheint sich auf die gesamte Umgebung auszudehnen. Jetzt will ich nur mehr eines - dich! Und du willst scheinbar dasselbe. Unverzüglich begleichst du die Rechnung und wir verlassen in aller Eile das Restaurant. Ich spüre förmlich die etwas mokierten Blicke gewisser Gäste. Wie sehr ich es doch liebe, mich nicht mehr in diesen ganzen Konventionen und Gesellschaftsregeln gefangen zu fühlen, sie zu kennen, aber auch jederzeit bereit zu sein, sie zu brechen.
Kaum sind wir vor der Türe, keine 10 Meter entfernt, ziehst du mich ungestüm an dich und küsst mich heiß. Ich genieße es deine wendige Zunge in meinem Mund mit der meinen zu verbinden, unsere heißen, lustvollen Küsse zu spüren. Wie herrlich du küsst, es ist ein tanzendes Spiel unserer beider Zungen. Die Wellen steigen in mir auf und mit heftigen Atemzügen lasse ich sie immer wieder über mich schwappen - mein Unterleib pulsiert vor Lust nach mehr. Ich nehme die mitgenommene Praline aus meiner Tasche und stecke sie dir von meinem Mund kurz vorgekaut lustvoll in den deinen. All das mitten auf der Straße im Zentrum unserer Innenstadt.
‚Wann habe ich so etwas das letzte Mal getan?‘
Einfach herrlich so frei und ungezwungen zu sein.

Nach diesem heißen, lustvollen *Vorspiel* fahren wir wieder nach Hause. Im Auto lege ich dir ganz vorsichtig meine linke Hand zwischen deine Beine, ich spüre ihn schon, diesen harten Penis, der nur mehr das eine möchte, in mein tiefstes Inneres eindringen. Ich würde mich jetzt am liebsten hinüber beugen und dieses Prachtstück aus deiner Hose holen, um deine Eichel ganz zart mit meiner Zungenspitze zu umrunden. *‚Ob dir das gefallen würde? Wenn ich dir jetzt während unserer Fahrt so ganz intensiv einen blase? Du schmeckst sicher ausgezeichnet'.*

Ich höre ein leichtes Stöhnen, während ich mit meiner Hand immer intensiver über deine Hose reibe, langsam deinen Reißverschluss öffne und dann wendig mit meinen Fingern hineingleite. *‚Meine Güte, wie herrlich er sich anfühlt in meiner Hand, die perfekte Größe für meine Pussy. Sie würde ihn sofort verschlingen. Wie sehr ich doch einen großen harten Schwanz in mir genieße'.*

Leider ist unsere Fahrt viel zu kurz - schon kommen wir an. Es ist ja wirklich praktisch, so nahe beieinander zu wohnen. Natürlich lade ich dich noch zu mir ein. Kurz zögerst du.

‚Oh je, schon wieder dein schlechtes Gewissen. Entweder man tut, was man will und dann ganz - sonst solltest du es einfach bleiben lassen! Wir könnten es doch einfach solange genießen, bis wir beide gesättigt sind? Dann kannst du ihr immer noch treu bleiben - die nächsten

Jahrzehnte. Wer weiß, ob ich dann nicht schon längst irgendwo am Ozean ein wundervolles Leben verbringe. Vielleicht wirst du mich nie wieder sehen. Irgendwann würdest du es bereuen, dieses lustvolle, aufregende Weib nicht genommen zu haben. Das weiß ich. Und du weißt es auch.'
Nach kurzem Zaudern kommst du doch mit.

Kaum sind wir in meinem Apartment ziehst du mich an dich und küsst mich erneut wild und begehrend, ich streife mein ohnedies schon kurzes Kleid nach oben, springe auf deine Hüften, umklammere dich mit meinen Beinen und spüre wie mein Becken vor Ungeduld zu beben beginnt. Du trägst mich in mein Wohnzimmer, legst mich auf meinen großen Lammfellteppich und gleitest von meinem Gesicht über meinen Hals nach unten zwischen meine Beine. Wie köstlich du mich lecken kannst - darin bist du wahrlich ein Meister. Du ziehst meinen Slip über die Beine nach unten, beginnst mit deiner Zunge meinen Kitzler zu umspielen und mir schon damit ein tiefes lautes Stöhnen zu entlocken. Dann streckst du diese feste wendige Zunge zwischen meinen Schamlippen in mein Inneres und beginnst mich am Eingang heftig und intensiv zu massieren. Mein Zittern und Beben erhöht sich und ich spüre, wie sich die erste Welle eines sanften, doch intensiven Höhepunkts in mir aufbaut, um sich mit einem kurzen Schrei zu entladen. Jetzt

will ich nur noch mehr …
Du setzt dich auf, blickst mich an und scheinst schon wieder zu zögern.
Ich will dich ganz - dennoch lasse ich dich noch ein wenig zappeln - erst wenn ich spüre, dass du wirklich bereit bist, werde ich mich vollkommen auf dich einlassen.
Ich lege schöne Musik auf und beginne für dich zu tanzen. Ich weiß, wie sehr dich mein Tanz bei unserer letzten Begegnung berührt und erregt hat. Ganz langsam und im Einklang mit dem Rhythmus der sanften Musik bewege ich meinen biegsamen Körper. In deinen Augen sehe ich deine Lust - deine Begierde - auf mich aufflackern. Mein Tanz endet am Boden, mein Körper in einer Position, die dir zeigt, dass er wahrlich unbeschreiblich beweglich ist. Meine Augen begegnen den deinen.

Du bist endlich bereit.

Langsam setze ich mich auf, lege dich auf den Rücken, ziehe deine Hose hinunter und sehe diesen harten pulsierenden Penis sich mir entgegenstrecken - *‚meine Güte, ist der geil.‘* Ich nehme ihn in meine rechte Hand und während ich ganz sanft am Schaft auf und ab reibe, umspiele ich mit meiner Zunge deine glänzende Eichel, sauge an ihr und nehme deinen Schwanz immer tiefer in meiner Mundhöhle auf. Herrlich dieses appetitliche Prachtstück endlich zu spüren - aber ich will ihn ganz in mir spüren, streife mir mein Kleid vom Körper, öffne meinen BH und befreie dich aus deinem Hemd, um mich dann ganz langsam auf deinen vollkommen erigierten pulsierenden Penis zu setzen. Kurz versuchst du dich doch wieder zu wehren.

‚Oh mein Gott, schon wieder dein Gewissen!‘

Ich blicke dir tief in die Augen und verharre in Stille.

Schnell kapitulierst du und gibst dich dem lustvollen Spiel hin.

Ich beginne meine Hüften zuerst langsam zu bewegen, während du meine Brüste massierst und mich damit noch viel intensiver stimulierst.

‚Herrlich wie du sie berührst und stimulierst. Bitte mehr!‘

Schon durch deine Berührungen spüre ich wie Hitze sich in alle Bereiche meines Körpers ausdehnt, um mich in einen sanften Orgasmus zu führen.

Jetzt will ich nur mehr meine Lust in ihrer höchsten Form erleben. Wie lange habe ich schon darauf gewartet, von dir gefickt zu werden, deinen Schwanz ganz in mir aufzunehmen. Ich reite immer wilder, bis sich in meinem Unterleib nur mehr alles zusammenzieht, eine unerträgliche lavaartige Hitze nach oben wallt und ich mit einem lauten Schrei einen wirklich herrlich erlösenden Orgasmus erlebe, der noch in sanften Nachbeben langsam verebbt. Das ist nicht genug, jetzt bin ich unersättlich und du bist

ganz da für mich. Abwechselnd blicke ich dir in die Augen oder schließe sie und finde Erfüllung und Erlösung in all den herrlichen Höhepunkten, die mir dein harter Schwanz und deine Präsenz ermöglichen.
Erschöpft lasse ich mich nach dieser Serie multipler Orgasmen auf deinen Brustkorb sinken, um mich auszuruhen und deinen unbeschreiblich köstlichen Geruch in mich einzusaugen.

Nach einer kurzen Pause drehe ich mich auf den Rücken und warte, dass du mir ganz langsam deinen immer noch prallen Penis in mein Innerstes schiebst - diese Langsamkeit lässt mich erneut erschauern und mich in einem sanften Orgasmus ergießen. Doch du möchtest scheinbar etwas anderes. Du drehst mich auf den Bauch, ich gehe auf meine Knie und spüre, wie du mit einem harten Stoß in mich eindringst - hart und tief fickst du mich. Ich höre dein Stöhnen und dich sagen: „Hast du einen geilen Arsch." Ich sage zu dir: „Nimm ihn, mach´s mir, fick mich!" *Eigentlich meinte ich mit diesen Worten, dass du mich einfach von hinten nach deinen Bedürfnissen nehmen solltest, nicht ahnend, was du verstanden hast oder verstehen wolltest.*
Plötzlich spüre ich diesen harten Schwanz in meinen Arsch eindringen - etwas zu fest und zu schnell, unerwartet und unvorbereitet … Ich zucke zusammen - weil ich aber schon von

meiner Muschi alle Nässe auch an meinem Analeingang hatte, konntest du offensichtlich unverzüglich in mir sein.

‚Auuu! Was ist denn jetzt geschehen - es tut weh ... aber irgendwie auch geil.‘

Ich versuche, mich in die Situation zu entspannen.

Du nimmst mich hart und wild und ergießt dich mit einem kurzen lauten Atemstoß in meinem Inneren.

Das habe ich schon lange nicht mehr erlebt…

Damit habe ich wirklich nicht gerechnet, habe ich mir doch vor 17 Jahren geschworen, mich nie wieder von einem Mann anal nehmen zu lassen.

So kommt oftmals vieles anders, als man denkt.

Einerseits bin ich ein wenig schockiert, andererseits auch lustvoll erfüllt.

Also für eine Wiederholung dieser Art bedarf es in Zukunft aber doch einer sanften Vorbereitung.

Verschwitzt und erleichtert nach all der über Monate aufgebauten Spannung, gehe ich mit dir in die Dusche, wo wir uns zum Abschluss dieses heißen Abends noch gegenseitig einseifen und miteinander das warme Wasser über den Körper rinnen lassen.

Gesättigt lege ich mich danach zu dir und genieße es mit dir meinen wunderschönen, kuscheligen Lammfellteppich mit einem so lustvollen Erlebnis eingeweiht zu haben.

Tief sauge ich deinen herrlichen Körpergeruch

in mein Inneres, bevor du schon allzu kurz darauf in dein Apartment ins gegenüberliegende Haus gehst - fast scheint es mir wieder wie eine Flucht zu sein, getrieben von deinem schlechten Gewissen.

Meine Güte, war das dennoch ein heißes Dinner mit dir!

Die Erinnerung daran trug ich allerdings in den nächsten Tagen noch recht schmerzhaft mit mir sowie eine gewisse Traurigkeit über deine erneute Distanz.

‚Wer weiß, wie lange dein Rückzug nun womöglich dauern wird. Darin seid ihr Männer wahrlich Meister, zuerst eine Frau vögeln, um sich dann zurückzuziehen, zumindest so lange, bis die Lust wieder übermächtig wird. Leider hatte ich schon mit einigen Männern dieser Art zu tun. Eigentlich müsste ich mir endlich einen höheren Selbstwert einräumen, um mich so nicht mehr behandeln zu lassen.‘

Doch war und bin ich leider oftmals selbst getrieben von meiner puren Lust. Noch ließ ich mich benutzen … und tat es ebenso…
Ich wollte dich wieder ganz bald spüren, weil du doch ein wunderbarer Liebhaber warst und mir klar war, dass wir uns sicher noch viel Lusterfüllung schenken könnten, wenn du mir frei und offen begegnetest.

‚Wird das erneut geschehen?
Ganz sicher... ich kenne doch meine weiblichen Kräfte...
Aber ich muss doch bald für sechs Wochen abreisen - auf meine Kur. Mal sehen, was davor noch möglich ist.'

Wenige Male konnte ich mit dir nun doch noch lustvolle Begegnungen erleben, bis auch unsere Geschichte in einer außergewöhnlichen Umgebung zu einem Abschluss kommen sollte ...

In den Weingärten

Ich liege hier im Garten der Kuranstalt in der Sonne - sechs Wochen habe ich vor mir - und verliere mich in meinen Gedanken.
‚Irgendwie hat heute dieser arrogante Sporttrainer meine Lust enorm entfacht.
Will ich ihn oder lieber doch einen Besuch von meinem Nachbarn, der mir versprochen hat, irgendwann einmal in diesen Wochen „vorbeizukommen"? Der Unbekannte erscheint mir zwar sehr reizvoll, aber im Moment wäre mir ein vertrauter Mann doch lieber.'

Meine Gedanken schweifen zurück zu den letzten Wochen und Monaten:

‚Es ist unglaublich, wie du dich anfangs geziert hast - welch eine Memme! Die Lust aufeinander war vom ersten Moment an spürbar. Am liebsten hätte ich dich schon bei meinem ersten Besuch zum Tee vernascht. Damals, kurz nach meinem Einzug in mein neues Apartment, stand

ich vor deiner Türe, habe geläutet und du hast mir geöffnet:„Guten Tag, ich bin die neue Nachbarin, ich will mich nur vorstellen und eine Kleinigkeit vorbeibringen - auf eine gute Nachbarschaft.“ Für alle Nachbarn hatte ich eine Weihnachtskerze vorbereitet - an deiner Türe verspürte ich Aufregung - hatte ich dich doch schon einmal deine Stiege hinauflaufen gesehen. Ich sah dich an und dachte mir: ‚Was für ein attraktiver Mann!‘ Ganz heiß wurde mir, obwohl es eiskalt war an diesem Winterabend kurz vor Weihnachten. „Wollen Sie nicht auf eine Tasse Tee hereinkommen?“ Unsicher antwortete ich:„Aber gerne.“ Mir wurde noch heißer, als ich dein schönes, stilvolles Ambiente in deinem Apartment sah. Wir redeten eine Stunde, dann ging ich wieder nach Hause. Wie nahe du mir hier immer bist. Wir haben uns auf Anhieb wirklich gut verstanden. Man kann doch nicht gleich am ersten Abend Lust darauf haben, über einen Mann herzufallen. Herrlich wie du gerochen hast - einfach ein Genuss.
Danach sahen wir uns immer wieder und ich wusste, dass ich mit dir irgendwann Sex haben würde - auf eine gute Nachbarschaft. Vielleicht ist es ja möglich einfach zwischendurch ein paar schöne lustvolle Stunden miteinander zu teilen. Noch dazu, wo wir doch beide frei sind.
Von wegen ...

Kurze Zeit später sah ich eine Blondine die Stiege zu dir hinauf gehen. ‚Oh, da gibt es doch eine Freundin? Von der habe ich aber noch gar nichts gehört, du hattest doch behauptet Single zu sein. Wieder ein Mann, der lügt. Das könnte natürlich die Situation erschweren', dachte ich mir. ‚Aber nach all den eindeutig zweideutigen SMS, die wir einander schon geschrieben hatten, sollte es doch kein Problem werden - ich kenne doch meine sexuelle Energie.' Es steigerte meinen Ehrgeiz, mein Wunschziel dennoch zu erreichen. Ich beobachtete das Geschehen mit deiner Blondine, dieser zwei bis drei Mal die Woche kommenden „Drei Stunden Frau", und wartete. Manchmal kann so eine Nähe schon quälend sein, noch dazu wenn man direkt auf die Eingangstür sieht. Es tat tatsächlich oftmals richtig weh. Dann verspürte ich wieder Wut, Zorn oder Ärger. ‚Er bemühte sich doch so sehr um mich. War das nur ein Spiel?' Meine Zeit würde kommen - wozu Eile? ‚Du bist mir ja so nahe und wirst meinen Reizen nicht entkommen können.'

Wie sehr du bis zuletzt gekämpft hast, treu zu bleiben. Bei jeder Begegnung habe ich deine Lust ebenso gespürt, wie meine eigene - du hast mich geküsst, einmal sogar mit deiner Zunge verwöhnt, aber du wolltest um jeden Preis „treu" bleiben - typisch Mann. Wann beginnt denn tatsächlich „Untreue"?

Dass du ein guter Liebhaber sein würdest, war mir schon sehr schnell klar - nicht nur, dass du einen herrlich duftenden, wunderschönen Körper hast, ist auch dein Penis einfach perfekt

für mich. Das spürte ich schon bei unserer ersten innigeren Umarmung - und küssen kannst du - einfach herrlich. Dein praller Penis streckte sich mir förmlich unter deiner Hose entgegen - bei jeder Begegnung, bei jedem Besuch, aber du wolltest unbedingt deinen Prinzipien treu sein.
Deine Lenden wollten sofort etwas ganz anderes.

Und irgendwann war es endlich so weit.
Eines Tages hast du mich dann zum Essen eingeladen. Ich wusste, dieser Abend war meine Chance, deine Konzepte endgültig ins Schwanken zu bringen. Deine Abwehr war an jenem Abend gefallen und wir hatten einfach wunderbaren Sex miteinander. Eine harte Nuss - dann aber umso lustvoller.
Wir hatten tatsächlich eine heiße, lustvolle Begegnung, zumindest so lange, bis du wieder in dein „Schlechtes -Gewissen-Spiel" eingestiegen bist.

In der Zeit danach hast du immer wieder deine Konzepte aufleben lassen, dich zurückgezogen, um dann bald wieder aufzutauchen ... irgendwie war alles unglaublich anstrengend.

Und ich weiß, was jetzt passieren würde, wenn ich dir ganz sanft meine Zunge in den Mund schiebe, meine Hand nach unten gleiten ließe und sie von außen auf deine Hose lege, ich spüre diesen herrlichen Schwanz förmlich in meiner Hand anschwellen. Wenn du doch nur hier wärst...'

Ach ja, so liege ich hier im Garten dieses Kurzentrums, träume von gutem Sex und lasse meine Gedanken weiter schweifen:

‚Ich sage dir - heute Vormittag war da plötzlich ein unglaublich männlicher Sporttrainer. Ich habe diesen Typen gesehen und wurde sofort feucht, Gott sei Dank hatte ich ein Höschen an. Es wäre nicht gut gewesen, wenn ich an den Fitnessgeräten mit einem Fleck auf meiner Hose trainiert hätte. Dieser Mann hat mir wirklich gut gefallen und meine Lust ziemlich angeturnt. Bei ihm würde ich sicher auch sehr schnell schwach werden.

Aber wir hatten doch erst vor wenigen Tagen wirklich aufregenden Sex miteinander - endlich warst du dieser vollkommen lustvolle freie Mann, der dazu stand und tat, was er in dem Moment auch wirklich wollte, mich intensiv und heftig nehmen. Warum bist du gerade bloß so weit weg und jedes Mal auf Rückzug, wenn es gerade so richtig erfüllend war? ...'

Mein Handy läutet und reißt mich aus meinen Gedanken. Tatsächlich sehe ich deinen Namen am Display - mein Herz beginnt zu pochen, ich hebe ab. Ein Schwall meines Saftes fließt aus

meiner Muschi, als ich deine Stimme höre und du fragst: „Wo bist du denn gerade?“ „Ich sitze im Garten und genieße die Sonne, wieso?“
„Weil ich in einer halben Stunde bei dir bin.“
Ich kann es nicht glauben, du kommst mich tatsächlich besuchen. Ich muss sofort auflegen, laufe aufgeregt in mein Zimmer und in die Dusche - Haare waschen, rasieren, Rock anziehen - natürlich ohne Höschen darunter - und warten.
Es sind keine fünf Minuten vergangen und du bist tatsächlich da.
Du kommst auf mich zu - der strahlende Sonnyboy - und ich will dich, ganz und jetzt sofort!
Du schaust unglaublich gut aus und riechst so köstlich wie immer - einfach herrlich.
Freudestrahlend und beschwingt nimmst du mich in deine Arme. Ich spüre förmlich die Blicke der anderen Patienten und vor allem Patientinnen in meinem Rücken.
Eng umschlungen verlassen wir das Kurareal.
‚Wir können doch nicht gleich vögeln‘ - obwohl ich genau das möchte. *‚Aber wo?‘*
Vorsichtshalber packe ich eine Decke in deinen Kofferraum.
Beide wollen wir dasselbe, keiner spricht es aus …
So gehen wir zum Hauptplatz und setzen uns in einen schönen Gastgarten. *‚Am liebsten würde ich mich sofort auf den Tisch legen, ganz langsam meine Beine öffnen und dir meine*

lustvolle feuchte Muschi anbieten. Möchtest du sie nicht lecken? Wie herrlich wäre das jetzt.' Die Spannung steigt, die Lust von uns beiden wird immer größer.
Irgendwann stehe ich auf, um mich auf der Toilette frisch zu machen. Ich gehe die Stiegen des Gasthofs hinauf und sehe plötzlich eine Tür mit der Aufschrift *Kirchturmblick* vor mir. Im selben Augenblick höre ich deine Schritte im Treppenhaus - schon kommst du mir nach. Ich ziehe dich zu dieser Tür - vorsichtig öffnen wir sie. Wir sehen ein Zimmer mit einem herrlichen großen Bett.
Du siehst mich an und meinst: „Bleib hier, ich komme gleich wieder." Dann läufst du die Stiegen hinunter und ich warte. *‚Wo bleibst du bloß so lange?'* Abgehetzt kommst du kurze Zeit danach zurück. Das Zimmer ist leider nicht zu mieten.

‚Na dann, was jetzt?'
Ich habe doch nicht umsonst eine Decke mitgenommen. Wie sehr habe ich mir gewünscht, dich einmal in der Natur zu vögeln.
„Wollen wir in die Weingärten fahren?" frage ich dich. Endlich bist du doch einmal spontan, und schon fahren wir Richtung Weingärten, über eine verbotene Straße, durch die Natur auf einem holprigen Schotterweg.
Irgendwo zwischen den Weinstöcken bleiben wir stehen und steigen aus.
Ich breite die Decke aus.

Unverzüglich fallen wir wie zwei Ertrinkende in großer Lust übereinander her und versinken in einer herrlichen Ekstase, umgeben von der Natur, dem Gesang der Vögel und bestrahlt von der Sonne. Ich genieße die Natur um uns, deinen Geruch in meiner Nase, deine innigen Küsse, wie du mich auf den Rücken legst, meine Beine langsam auseinanderspreizt und deine wendige, so sensible Zunge in meine weit geöffnete Muschi einführst, um meine Klitoris zu umrunden und dann immer tiefer an der Schwelle meiner *Pforte ins Paradies* deine Zunge nach innen zu führen. Meine Hüften bäumen sich nach oben, mein Becken streckt sich dir entgegen und ich genieße, bis ich mich lustvoll der ersten Welle meines Höhepunkts hingebe, um immer noch mehr zu wollen, frei und ungezwungen in dieser wunderbaren Umgebung mich meiner Lust und dir hinzugeben. Nach einiger Zeit dieses lustvollen Zungenspiels setze ich mich auf, ziehe deine Hose von deinen Hüften nach unten und sehe diesen herrlich erigierten Penis vor mir, den ich mit Genuss zwischen meine Hände nehme, ihn sanft massiere und dann mit meiner Zungenspitze deine Eichel umspiele. Ich spüre, wie du es genießt. Ich weiß, mit welcher Einfühlsamkeit ich meine Finger auf diesem wunderbaren Prachtstück bewegen muss, um dich in lustvolle Höhen zu treiben. „Nimm mich“, sage ich nach einiger Zeit, in der ich mich mit diesem prallen Schwanz gespielt habe und lege mich zurück auf den Rücken. Du beugst dich über mich, liebkost noch meine Brüste, um mich erschauern zu lassen, und dringst ganz langsam tief in mein Innerstes, sodass ich nur mehr in heftigen Atemzügen unverzüglich zum erlösenden Orgasmus komme, dem noch einige weitere folgen. Du nimmst mich hart, sanft und kraftvoll zugleich und steigerst meine Lust zu dem Punkt, an dem ich mir nichts mehr wünsche, als dich wild und unbändig, frei und ungezügelt, zu reiten, um mir all die ultimativen Orgasmen zu nehmen, nach denen alles in mir sich so sehr verzehrt. Mir in die Augen blickend legst du dich auf den Rücken und während ich mich langsam über dir niederhocke, blicke ich um mich und nehme all diese Weinreben um mich wahr, lausche den Vögeln und setze mich langsam auf deinen harten Penis, der sich mir pulsierend entgegen streckt. Wie sehr ich es genieße, endlich auf dir zu sitzen, dir tief in die Augen zu sehen und langsam mein Becken zu bewegen, dabei die Natur um mich in mir aufzusaugen und im Rhythmus mit dem Gesang der Vogel sanft meine Hüften auf dir kreisen zu lassen, um dann immer intensiver und tiefer in ein wildes, ungestümes Wippen meines Unterleibs zu wechseln, bis sich in meinem Inneren Wellen der Hitze aufbauen und sich dann in einem furiosen Schwall der Ekstase über mich ergießen. Ich kann hier draußen meine Lust nur mehr aus mir schreien, wild und ungebändigt.

Mit dem Verlangen nach mehr und mehr reite ich weiter und spüre eine Welle nach der anderen sich aufbauen und verströmen. Ich weiß, dass ich ungezügelt sein darf, weil du eine unbeschreibliche Beherrschungsfähigkeit besitzt und ich mir alle Zeit der Welt nehmen darf, um zu genießen. Es ist unglaublich, wie sehr ich mich an diesen befreienden, mich durch den ganzen Körper erschütternden, herrlichen Höhepunkten erfreuen kann. Es gibt ja leider nicht allzu viele Männer, die einer Frau so lange Genuss schenken können. Wie wundervoll es sich anfühlt, all das mitten in der wunderschönen Natur zu erleben.

‚Ob uns irgendwelche Spaziergänger schon gehört haben, zumindest mich?‘

Du bist ja doch eher ein etwas zurückhaltender Mann und ganz für mich und meine Lust da.

Nachdem ich gesättigt und zufrieden bin, lasse ich mich erschöpft und erfüllt zugleich auf deinen Brustkorb sinken, um diesen betörenden Geruch deiner Männlichkeit, gemischt mit einem herrlichen Männerparfum in mich aufzunehmen und ein wenig durchzuatmen.

Ich weiß, was du nun am liebsten möchtest - mich von hinten nehmen.

‚Dies scheint doch tatsächlich die Lieblingsposition vieler Männer zu sein?‘

Ich richte mich auf, gleite mit meinem Körper den deinen entlang nach oben, um noch einmal kurz deine Zunge zwischen meinen Beinen in meiner feuchten Pussy zu spüren, die sanft meinen Kitzler umspielt. Dann stehe ich über deinem Kopf auf und strecke dir meinen Hintern entgegen, indem ich mich weit öffne und du mit deinem pulsierenden Penis gut in mich eindringen kannst. Beweglich wie ich bin, kann ich mit meinem Kopf zwischen meinen Knien zusehen, wie du mich von hinten nimmst. Ich spüre, wie er in mir pulsiert und gehe gemeinsam mit dir langsam auf die Knie, um dich noch tiefer zu empfangen. Wie sehr ich deine Stöße genieße und mir nun wünsche, dass du dich in mir ergießt. Du willst es genauso wie ich!

‚Was lässt dich nicht kommen, die Möglichkeit gesehen zu werden, deine Angst vor Kontrollverlust, dein schlechtes Gewissen ...?‘

Irgendwann gibst du ein wenig enttäuscht auf - ich nicht!

Ich drehe mich um, knie mich vor dich hin und nehme deinen Penis, der nur mehr nach Erlösung strebt, in meinen Mund, meine Lippen nehmen ihn auf, saugen ihn ein und aus, meine Finger massieren seinen Schaft - ich schmecke dich und mich zugleich und genieße. Sanft beginne ich mit meinen Fingern wie auf einem Instrument zu spielen, um dann immer intensiver zu werden, in dem Wunsch dich ganz in mir - in meinem Mund - aufzunehmen und deinen Saft zu schlucken. Ich spüre, wie deine Hitze sich aufbaut, deine Hüften zu vibrieren beginnen, alles in dir mehr und mehr nach Erlösung strebt, bis du dich mit einem heftigen

tiefen Atemzug und erstmals kurzen Schrei der Ekstase in meinem Mund ergießt. Beglückt und erfüllt siehst du mich an: „Wie hast du das geschafft, du Zauberin?!“
Genau in diesem Moment nehme ich die ersten Regentropfen auf meinem nackten Körper wahr.
Welch ein Timing.
Noch will ich mit dir das Nachbeben genießen, doch der Regen wird schnell stärker.
So müssen wir uns leider unverzüglich voneinander losreißen.
Du meinst, du würdest das Auto näher herholen.
‚Für mich musst du es nicht tun, ich genieße es, nackt und frei im Regen zu tanzen, mich zu drehen und ungezwungen durch das Nass zu laufen. Du bist da viel empfindlicher, mit deiner perfekten Föhnfrisur…‘
Ich fühle mich tief gesättigt, erfüllt und glücklich.
In dem Augenblick, in dem du zufährst, beginnt es zu schütten.
Schnell packen wir die Sachen ein und befinden uns im Trockenen.
Ein unerwartet abrupter Aufbruch!

Dir scheint er gelegen zu kommen, mich irritiert er ein wenig in meinem Glücksgefühl - schnell führst du mich in mein Kurzentrum, küsst mich noch einmal intensiv zum Abschied und fährst zurück nach Hause. Dein schlechtes Gewissen hat dich scheinbar wieder zur Eile getrieben. Dennoch fühle ich mich leicht und ausgelassen, sodass ich noch einmal hinausgehe, um im Regen unbeschwert wie ein verspieltes und freudvolles Mädchen zu tanzen.

Kaum komme ich triefend nass zurück ins Haus, begegne ich einer anderen Patientin, die mich mit dir weggehen gesehen hat. Mit einem verschmitzten Lächeln auf den Lippen fragt sie mich: „Kann es sein, dass ich dich vor einer Stunde im Weingarten gehört habe? Ich bin dort mit dem Fahrrad vorbei gefahren und dachte mir Schreie wahrzunehmen." Ich lächle zurück und meine: „Möglicherweise, es war sehr schön."
Und beide wissen wir ...
Ich strahle doch förmlich vor Erfüllung.

‚Möchtest du nicht vielleicht doch noch ein bisschen mehr mit mir erleben?'

So hänge ich nach unserem Ausflug in die Weingärten zum Ausklang dieses Tages wieder meinen Gedanken nach und träume vor mich hin:
‚Soll ich mir dieses Nähe- und Distanz-Spiel wirklich noch länger gefallen lassen?
Wie schnell du wieder gefahren bist...
Da ist ja noch dieser Sporttrainer - ob der vielleicht unkomplizierter ist?
Eines spüre ich sicher, er wäre auch ein guter Liebhaber.
Warum soll ich denn einen Mann begehren, der

nicht wirklich weiß, was er will.
Wäre es da nicht viel besser, einen MANN, der zu dem steht, was er möchte, zu nehmen?
Allerdings weiß ich nicht, ob der andere überhaupt frei ist - Ehering habe ich heute keinen an seinem Finger gesehen ...'

Einige Tage danach rufst du mich an, um mir mitzuteilen, dass deine Freundin sich jetzt tatsächlich scheiden lässt und du ihr nun wirklich endgültig treu sein möchtest.
‚Ob das tatsächlich so ist?
Offensichtlich wolltest du mich einfach nur die ganze Zeit ein wenig warm halten - für alle Fälle!'
Vermutlich ist es ja besser so.
Eigentlich entsprach ich, wie du einige Male gemeint hattest, deinem *Traumfrauentyp* - lange dunkle Haare, schlank und muskulös - doch war ich für dich zu sehr ein Paradiesvogel, der in dein vollkommen strukturiertes Leben nicht passen würde.
Damit hattest du recht. Ich bin ein Freigeist auf allen Ebenen.
Außerdem bevorzugst du doch *große Brüste,* wie du mir in so mancher Begegnung indirekt aber unmissverständlich mitgeteilt hattest - ein scheinbar wesentliches Auswahlkriterium für einen Mann, wie dich.

Manchmal erschien mir das ganze Hin und Her von dir ohnedies viel zu kompliziert und

anstrengend, außerdem bin ich hier in der Ferne vollkommen chancenlos.
Also lasse ich dich ziehen, auch wenn es im Moment ein wenig schmerzt und mich mit Wut erfüllt.
Ich hatte es eigentlich von Anfang an gewusst, dass wir nicht zusammenpassen und wollte es dennoch - auf jeden Fall den Sex mit dir. Ich selbst bin auf *dieses Spiel* mit eingestiegen - vermutlich um mir wieder einmal irgendetwas beweisen zu wollen.

Wie gerne hätte ich einen Mann, der weiß was er möchte, ganz und gar ohne schlechtes Gewissen, aber noch viel lieber wäre mir einer, der wirklich frei für mich ist und mich als seine einzige Frau begehrt.

‚Wo ist denn bloß mein Mann, nach dem mein Herz sich so sehr sehnt? Wann wird er endlich kommen?
Ich bin doch so sehr bereit für diese eine Liebe…‘

Doch bis dahin …
‚Vielleicht doch der Sporttrainer aus der Kuranstalt?
Er könnte ja frei sein.‘

Er wurde es … doch lag noch einige Zeit dazwischen.

Drei Monate später, im Hochsommer, war es dann tatsächlich soweit. Andreas, der Sporttrainer kam in mein Leben - für kurze Momente zwischendurch.
Auch er war ein gebundener Mann, aber zumindest einer, auf dessen Worte ich mich jederzeit verlassen konnte.

Wir hatten eine lustvolle Affäre - für drei Monate…

Die Zeiten des Wartens zwischen unseren erfüllenden Begegnungen überbrückte ich immer wieder mit schönen Erinnerungen, Vorfreuden, E-Mails und so mancher Geschichte, die ich für ihn schrieb.

Als ich in einer dieser Wochen in der Sauna war, sind meine Fantasien komplett mit mir durchgegangen ...

Ich schrieb eine E-Mail an dich, mit der ich dir eine weitere lustvolle Geschichte von mir schickte.

>Betreff: Sauna

... und heute in der Sauna, da warst du überall ... wir haben im Whirlpool, in der Dusche, auf den Liegen, im Hängestuhl gevögelt ... ich war ganz alleine und habe davon geträumt ...

Ich lag auf der Holzliege, aus jeder Pore ist der Schweiß geronnen, ich habe an dich gedacht und geatmet und eine Welle der Ekstase hat meinen gesamten Körper erfasst!
Wie sehr ich mich schon freue, nicht nur mehr zu träumen …

Meine Güte, ich bin verrückt nach dir!!!
... nach mehr und mehr und mehr …
Bei dir erlebe ich diese unbändige Lust nach absoluter Grenzenlosigkeit!!!

Im Anhang findest du meine Geschichte:
„Saunabesuch im Fitnessstudio“<

Saunabesuch im Fitnessstudio

Obwohl es sommerlich heiß ist, habe ich beschlossen, wieder ins Fitnessstudio zu gehen. Was man denn nicht alles tut, um diesen Körper zu erhalten, schön, straff und schlank. Außerdem habe ich einen attraktiven, sportlichen Mann kennengelernt, mit einem Körper, der wunderschön und muskulös ist - das bedeutet noch mehr Motivation, auch den meinen wohlgeformt erhalten zu wollen und gut in Kondition zu sein. Die brauche ich wirklich, wenn ich ihn treffe, einen Liebhaber, der all meine Wünsche erfüllen kann und mich unendlich lange vögelt, stundenlang, wenn ich es möchte - einfach herrlich.

Es ist tatsächlich - allerdings erst zwei Monate nach meiner Rückkehr von der Kuranstalt - der Sporttrainer geworden.

Meinen Nachbarn habe ich ziehen lassen, und es war gut so.

Seine Freundin hat sich wirklich scheiden lassen, was er zum Anlass nahm, sich nun ausschließlich um sie zu bemühen, weil er mit ihr eine gemeinsame Zukunft aufbauen wollte.
Wir blieben weiterhin gute freundschaftliche Nachbarn.
Niemals hätten wir eine Beziehung miteinander leben können, zu unterschiedlich waren unsere Lebensvorstellungen.

So hat tatsächlich alles seine Zeit im Leben.

Allzu schade ist nur, dass Andreas, mein neuer wahrhaft außergewöhnlicher Liebhaber, nur selten Zeit für eine Begegnung mit mir hat, was natürlich meine Sehnsucht manches Mal in die Unerträglichkeit treibt - unendlich groß ist meine Lust auf ihn, auf seine Küsse, seine Zunge, die mich überall liebkost, meine Brüste umspielt und an meinen Brustwarzen leckt, meine Lippen, die von den seinen so wunderbar geküsst werden und meine sehnsuchtsvolle, feuchte, pulsierende Muschi, die durch seine Berührungen oft zum Wahnsinn der Wonne getrieben wird.

Schon fast zwei Wochen habe ich ihn nicht mehr gesehen, gespürt, geküsst, ganz in mir aufgenommen. Irgendwie habe ich das Gefühl, in dieser Lust auf ihn allzu sehr gefangen zu sein.
Meine Energien sind grenzenlos und es

erscheint mir notwendig, sie zu kanalisieren.
Also gehe ich an einem verregneten Sommertag ins Fitnessstudio - ein reines Frauenstudio.
Ich will mir in dieser Umgebung den Anblick von schreienden Muskelmännern ersparen - obwohl mir muskulöse Körper schon sehr gefallen, zumindest jene, die auch wahrhaft ästhetisch sind.

Bereits beim Betreten des Umkleideraumes im Keller werde ich ganz irritiert, von etwas, das im Raum zu sein scheint, so irritiert, dass ich der dort anwesenden Frau ins Gesicht schaue und sie nicht begrüße, da mein Blick ganz unvermutet nach rechts gezogen wird, dorthin, wo dann doch niemand ist.
Ich bin mir sicher, dich in der Nähe zu spüren.
Ganz verwirrt blicke ich um mich und entschuldige mich für meine Unhöflichkeit mit der Erklärung, dass ich ganz geistesabwesend gewesen sei.
‚Du musst hier sein. Warum kann ich an nichts anderes mehr denken, als an dich? ... Ich spüre dich förmlich in meiner Nähe.‘
Nun gut, du bist nicht da, du kannst nicht hier sein - wie solltest du auch. Du bist auf Urlaub, auch sonst gar zu weit weg von mir und außerdem ist dies hier nur ein Studio für Frauen.

So gehe ich nach oben, um mich am Fahrrad aufzuwärmen - dort schließe ich die Augen und träume einfach von dir:

Wie du so als neuer Trainer hier auftauchen könntest, mich siehst und ebenso erschauerst wie ich, weil dich schon bei unserer ersten Begegnung die unbändige Lust auf mehr erfasst, dasselbe Sehnen wie mich, einander sofort auszuziehen, um in einem rauschenden Fest der Ekstase ineinander zu versinken.
Plötzlich spüre ich wie einen Windhauch etwas mich berühren - war da nicht soeben eine Hand, die von hinten meine rechte Brust ganz sanft gestreift hat?
Es schauert mich, ich träume weiter.
Da fühle ich für einen kurzen Moment eine Berührung auf meiner inzwischen schon ein wenig feucht gewordenen Muschi, eine Hand scheint über meine Hose zu greifen. Nein, ich öffne nicht meine Augen - der Traum soll jetzt nur bitte nicht enden.
Dennoch blicke ich um mich, als ich dann doch nach meiner Aufwärmphase meine Augen öffnen muss, um in die Realität zurückzukehren. Da ist niemand, nur noch zwei andere Frauen bewegen sich auf den *Steppern*.

Ich beschließe nun ein wenig Krafttraining zu machen, muss ich doch endlich wieder die Muskulatur in meinen Beinen stärken - ich hatte schon ganz ordentlichen Muskelkater in meinen Innenschenkeln, nachdem wir das letzte Mal acht Stunden mit wenigen kurzen Unterbrechungen durchgevögelt hatten.
Ich könnte sterben vor Lust, wenn du mich mit

deinem harten prallen Penis einmal langsam und sanft, dann wieder wild und ungestüm stößt - mich stößt und stößt, während du mit deinen Händen meine Hüften festhältst, damit ich mich nicht bewegen kann oder ich dich mit meinen Beinen umschlinge, während du mich immer tiefer und tiefer durchdringst mit diesem heißen, pulsierenden Prachtstück.

Ich setze mich auf die Beinpresse, schließe wieder die Augen und mache meine Übungen, immer und immer wieder.

Da schon wieder - eine Hand scheint erneut über meine Brust zu streifen, während die andere ganz kurz in meine Hose fährt und auf meinem feuchten Slip ankommt, um sich sofort wieder zu entziehen. Habe ich schon Halluzinationen vor lauter Sehnsucht?

Weiter zu den Geräten für die äußeren und inneren Oberschenkelmuskeln und dann für die hinteren.

Seltsam muss ich mich auf dieses Gerät hängen, Oberkörper nach vorne über gebeugt und Gesäß nach hinten.

Schon wieder spüre ich dich! Einen kurzen Moment erscheint mir, als hätte ich da etwas Hartes gegen meinen Hintern gepresst bekommen - nach Sekunden ist dieses Gefühl wieder vorbei.

Immer wieder blicke ich um mich - du bist nicht da. Wie auch?

So trainiere ich an allen Geräten, in einem

Zustand von Lust und geistiger Abwesenheit. Irgendwie entsteht mehr und mehr ein Gefühl von Schwindel in mir, das ich schon kenne, wenn mein Verlangen nach Sex immer vehementer wird.
Nach guten zwei Stunden Trainings und dem unsicheren Gefühl, ob du nicht doch irgendwo in der Nähe bist, beschließe ich den Raum zu verlassen.
Da - was war das? Ich bin mir sicher einen Mann durch die Tür des Raumes gehen gesehen zu haben - es erschien mir wie ein Schatten zu sein. Aber er hatte eine Arbeitsmontur an. Doch ein Mann hier? Na ja, manchmal müssen Geräte auch gewartet und repariert werden.
Irgendwie bilde ich mir aber auch ein, den Duft deines herben Männerparfums im Raum wahrzunehmen. Meine Güte, was diese unbändige Sehnsucht alles auslösen kann.

Letztendlich möchte ich nach meinem ausgiebigen Programm an diesem heutigen Regentag doch noch in die Sauna gehen, um mich ein wenig zu entspannen und in meinen Träumen zu verlieren.
‚Wenn bitte nur keine anderen Frauen dort sind - ich will einfach meine Ruhe haben. Die Chancen stehen gut, es ist Mittag und das an einem Arbeitstag unter der Woche mitten im Sommer.‘

Tatsächlich bin ich vollkommen alleine im

Spabereich, niemand außer mir.
Wie herrlich, absolute Stille - nur das Wasserplätschern vom Whirlpool ist zu hören.

Ist da nicht schon wieder dein Duft an mir vorbei gestreift?

Ich gehe kurz unter die Dusche, um mich dann genüsslich ganz alleine in der Biosauna mit dem schönen Rosenquarzkristall niederzulassen. So liege ich hier und beginne stark zu schwitzen, während ich von unseren beiden wunderbaren, lustvoll schönen, erotischen und auch so unendlich geilen Begegnungen, die wir miteinander erlebt hatten, träume. *Ich denke gerade, wie du meine Schenkel öffnest* ... das bringt mich noch viel heftiger zum Schwitzen. Kurz lecke ich über meinen Arm, um meinen Schweiß zu kosten - der schmeckt gar nicht salzig ...
Dann träume ich weiter, wie du mit deiner Zunge kunstvoll meine heiße pulsierende Muschi leckst - in dem Moment wird mein Atem stärker und ich spüre wie mich eine heiße Welle von unten nach oben durchströmt. Gott sei Dank ist keine andere Frau hier im Raum, wurde ich doch ein wenig lauter und schneller in meinem Atemrhythmus. Gerade will ich mich in die nächste Welle atmen, als ich das Gefühl habe, die Tür würde geöffnet werden. Sicher nur Einbildung - da ist ja keine Frau im Vorraum gewesen ...

Einen kurzen Moment danach werden meine Schenkel tatsächlich auseinander geschoben, eine Zunge leckt über meinen verschwitzen Innenschenkel - *nein, das kann nicht sein.*
Bin ich verrückt geworden?
Traum, Illusion, Wunschdenken...
Im nächsten Moment ist diese weiche und zugleich so wendige feste Zunge auf den Lippen meiner heißen, feuchten Muschi und beginnt sie zuerst sanft, dann wild und ungestüm zu liebkosen, meinen Kitzler zu umspielen, nach innen zu dringen … ich werde tatsächlich verrückt - diese Hitze hier und dann das.
Ich muss mich aus diesem Traum herausholen, sonst kollabiere ich noch ...

Ich reiße meine Augen auf, schaue an meinem triefend nass geschwitzten Körper hinunter und sehe tatsächlich *DICH* dort knien, dein Oberkörper ist frei, die Arbeitsmontur hängt lose geöffnet über deinen Hüften. Du bist da. Wie kann das sein? Ich bin wahrlich verrückt vor Verlangen nach dir, nach mehr - du leckst mich wirklich weiter, während dir schon der Schweiß von der Stirn rinnt. Plötzlich merke ich, wie alles in mir zu zittern beginnt, meine Hüften sich aufbäumen und eine heiße lustvolle Welle sich durch meinen Körper bewegt, in der ich mit einem verhaltenen Schrei der Erleichterung all die sehnsuchtsvolle Energie aufgestauten Begehrens aus mir strömen lasse, während mein Körper zu zittern und zu beben beginnt - ein erster wunderschöner Höhepunkt …

Ich will jetzt noch mehr - aber vor allem hinaus aus der Hitze, sonst werde ich ohnmächtig - und ich will dich, *GANZ!*
Ich will dich spüren - überall - dich lecken, deinen Schwanz in mir erleben, von dir mit deinem heißen Saft erfüllt werden - diesen prallen harten Lustspender in meinem Mund aufnehmen, in meinem Paradiesgarten - überall, einfach nur genießen!

Du öffnest die Tür, wirfst einen Blick nach draußen - keine andere Frau im Spa - streifst dir die Arbeitsmontur ganz von deinem Körper und kommst zurück, um mich zu holen. Erhitzt, verwirrt, erschöpft und voller Lust liege ich dort - schweißgebadet.
Du hebst mich von der Liege, trägst mich nach draußen und stellst mich unter der Dusche wieder ab. Ein kalter Strahl trifft mich und spült mir den Schweiß von meinem Körper, bevor du das Wasser gut temperierst und mich gegen die Fliesen - sanft aber doch bestimmt - drückst. Wild und ungestüm beginnst du mich nun zu küssen, meinen Mund, mein Gesicht, meinen Nacken, in den du mich auch sanft beißt, um danach langsam nach unten zu meinen Brüsten zu gleiten und diese mit deinen Händen, deinem Mund, deiner Zunge zu liebkosen - es ist

herrlich, wie du gekonnt mit deiner Zungenspitze und deinen Zähnen meine aufgerichteten Nippel verwöhnst. Ich spüre, wie mein Körper erneut mehr und mehr zu beben beginnt und ich das Gefühl habe, dass es mich vor Lust schon zerreißt, während sich ein sanfter und zugleich doch starker Höhepunkt über meinen gesamten Körper ausbreitet. Meine Muschi scheint auszufließen, so unbändig sehnt sie sich, deinen Penis in sich hineinzusaugen, ganz tief, bis sie das Gefühl hat, es ist alles - die gesamte Liebeshöhle - vollkommen von ihm ausgefüllt.

‚Ich hatte doch schon zwei Wochen solche Sehnsucht nach dir?'

Du kniest dich vor mich hin und öffnest sanft meine Schenkel, um deiner Zunge Zugang zu verschaffen, die mich dann intensiv und wild leckt, während zwei oder drei Finger meine Pforte durchschreiten. Ein weiterer Schauer der Lust durchströmt mich, mein Becken fängt an zu erbeben, ich kann nur mehr schreien, weil ich nichts mehr will, als von dir haltlos und unbändig gefickt zu werden. In dem Moment stehst du auf, packst mich an den Hüften und hebst mich hoch. Während meine Beine deine Taille umschlingen, stößt du mir deinen harten heißen pulsierenden Schwanz in meine vor Lust nasse Pussy, drückst mich fester gegen die Fliesen und stößt mich im Wechsel sanft und fest, während mir das Wasser über das Gesicht fließt und ich mich in einem lauten Lustschrei im Höhepunkt auf deinen Schwanz ergieße. Du schaffst es doch glatt, mich immer wieder dazu zu bringen, auch zu ejakulieren. Jetzt will ich erst recht mehr, mehr und mehr. Ich gleite von deinen Hüften nach unten und nehme diesen heiß pochenden Penis zwischen meine Hände, um ihn mit meinem Mund lustvoll zu verwöhnen, während meine Finger den Schaft und die Hoden massieren. Dein Atem wird intensiver, aber du weißt, dass ich mir wünsche noch lange genommen zu werden, weswegen du mich hochziehst, auf deine Arme nimmst und aus der Dusche trägst - nass wie unsere Körper sind - in den Whirlpool. Im Wasser setze ich mich mit einem heftigen tiefen Stoß auf deinen Schoss und spüre unverzüglich deinen Schwanz ganz in mir aufgenommen. Ich genieße es, indem ich meine Hüften vor und zurück wippe, während auf meinen Rücken ein angenehm fester Wasserstrahl niederprasselt. Wie herrlich wäre es, diesen Strahl jetzt auf meinem Kitzler zu spüren, während ich wild auf dir reite. Dieser Gedanke und die intensive Reibung bringen mich in die höchsten Höhen der Ekstase, bis ich erneut einem kraftvollen Höhepunkt zustrebe, der mich in einer vulkanartigen Welle durchströmt, um sich nach oben zu entladen - ich schreie vor Lust - eine Welle nach der anderen überrollt mich, sodass ich mich vor Tränen der Berührtheit und Lachen nicht mehr halten kann - die vollkommene Auflösung in meiner Ekstase.

‚Ob mich andere Frauen gehört haben?'
Die Umkleidekabinen sind doch direkt vor dem Spabereich.
Inzwischen ist mir alles gleichgültig, ich will nicht mehr aufhören, einfach nicht mehr aufhören.
Als die letzte Welle sich über mir ausdehnt und ich erleichtert zusammen sacke, nimmst du mich wieder, ziehst mich aus dem Wasser und führst mich die Stufen hinauf, um mich dort oben über den Hängesessel zu legen, damit ich dir weit geöffnet meine Pobacken entgegenstrecken kann. Kurz leckst du mich von hinten, um mir dann deinen Penis in die immer noch pulsierende Muschi zu stoßen und Stoß für Stoß für Stoß tiefer und tiefer einzudringen. Ich spüre nichts als diese ungezügelte Lust, die ich mit dir vom ersten Moment an erlebt habe - als du das erste Mal vor mir in meinem Vorzimmer meines Apartments aufgetaucht bist. Ich weiß, dass du diese Position am liebsten magst, deine Hände kraftvoll um meine Hüften gefasst, damit ich bewegungslos mich nur deinen Stößen hingeben kann.
„Fick mich - mehr - nimm mich!" Ich zittere vor Wonne, dich ganz in mir zu spüren und spüre wie deine Energie sich aufbäumt, diese Hitze sich aufbaut, ich sie übernehme und wir auf diesem schwankenden Hängestuhl gemeinsam einen heißen Höhepunkt erleben, bei dem wir uns gegenseitig ineinander ergießen.

Danach drehst du mich um und küsst mich innig und liebevoll.
Gleich darauf kniest du dich vor mich hin und verfolgst genüsslich, wie unser beider Saft aus mir über meine Schenkel rinnt. Mit einem Finger streichst du darüber und steckst ihn mir in den Mund - *nicht übel unser Cocktail!*
‚War da nicht gerade ein Geräusch von Wasser zu hören - unten läuft doch eine Dusche?‘
Nichts kann uns gerade innehalten lassen. Du hebst mich hoch, ich umklammere deine Hüften und lasse mich von dir zur Liege tragen. Schon am Weg dorthin spüre ich einen weiteren Schwall deines heißen Saftes aus mir fließen. Dann lässt du mich auf die Liege nieder und beobachtest, wie noch mehr aus mir strömt, während ich mit einem Finger über meine Muschi fahre und deinen heißen köstlichen Saft erneut in meinen Mund führe um ihn abzulecken. Herrlich schmeckst du, vermengt mit meinem eigenen Geschmack.
Ich fühle mich zutiefst befriedigt und erfüllt.

Irgendwie höre ich ein wenig fern ein lautes Atmen und dann ein Geräusch, als würde noch jemand demnächst einen Höhepunkt erleben - zwar ein wenig unterdrückt, aber doch, ist dann ein immer heftiger werdendes Atmen zu vernehmen, das mit einem zaghaften Ausdruck der Lust ein jähes Ende nimmt.

Gemeinsam gehen wir nach unten - niemand ist

zu sehen. Ich bin noch so schwindlig, dass ich ohnedies nichts um mich wahrnehmen kann.
Da ist niemand - scheinbar ist meine Fantasie wieder einmal mit mir durchgegangen.

Während ich noch ganz verwirrt das gemeinsame Erlebnis nachwirken lasse, packst du deine Arbeitsmontur, küsst mich nochmals heftig und genussvoll, um so schnell, wie du aus dem Nichts aufzutauchen erschienst, wieder durch eine Hintertür zu verschwinden.

Ich liege auf der heißen Holzliege in der Sauna und denke an dich.

Wie wunderbar es doch wäre, wenn du nur hier wärst.

Nach 15 Minuten verlasse ich den heißen Raum und gehe in die Dusche.
Eine Frau kommt aus der Dampfkabine.
Sie blickt mich an, lächelt, zwinkert scheinbar wissend mit den Augen und verschwindet in der Nebendusche.

War all das Erlebte nun Illusion oder Wirklichkeit?

Was soll ich den anderes tun, als von dir zu träumen, wenn du nach unseren ersten beiden berauschenden Begegnungen für so lange Zeit nicht mehr bei mir auftauchst …?

Deine verspätete Antwort darauf kam erst einige Tage danach:

>Sorry, ich bin gerade erst zum Lesen gekommen…, super heiße Geschichte - danke für den Ständer, den ich jetzt habe :-)<

Von mir zurück:

>... gerne geschehen ... ich weiß genau, wie wunderschön und geil dieser Ständer ist ... den ich mit meiner Zunge voller Freude liebkosen will, zwischen meinen Fingern massieren ... und dann ganz tief in mich eindringen lasse ... ganz tief, ganz langsam, ganz wild, ganz sanft, ganz ungezügelt …<

Überall, wo ich in diesem Sommer bin, denke ich unentwegt an dich und verzehre mich nach einer Wiederbegegnung.
Beinahe habe ich das Gefühl, süchtig zu sein, süchtig nach Sex und Erfüllung mit dir.

Wie froh ich bin, bereits nach unserer zweiten Begegnung mein Flugticket nach Mexiko gebucht zu haben … ich will nicht abhängig sein von einem Mann, der doch mit mir bloß eine Affäre leben kann und möchte. Doch jene Zeit, die wir noch haben, soll ein Genuss in jedem Moment sein.

Du hast das Feuer der unbändigen Lust wahrhaft intensivst in mir entfacht …

Und ganz besonders sehne ich mich nach dir, wann immer ich meinen nackten Körper am Ufer meines Lieblingsflusses in der Sonne rekle …

Ein wahr gewordener Traum?

Der Sommer ist heuer einfach fantastisch und heiß.
Ich liege am Fluss, alleine, nackt und frei.
Mein Körper wird von der Sonne bestrahlt.
Vorsichtig öffne ich meine Beine und lasse die Sonnenstrahlen auf meine leicht geöffnete Lotusblüte scheinen. Ich genieße es, die Sonne auf meinen Schenkeln zu spüren und das Wasser neben mir rauschen zu hören, das ewig fließende Wasser. Und schon beginnt es, auch bei mir zu fließen - ich nehme wahr wie sich meine Vagina langsam befeuchtet, während ich mit geschlossenen Augen träume - davon träume, dass du plötzlich erscheinst - aus dem Nichts auftauchst - und mir ohne, dass ich meine Augen öffne, deinen wunderbaren kraftvollen prallen Penis ganz langsam einführst ... *NEIN*! Das ist einfach unmöglich, du bist ja so weit weg und ich weiß doch, dass ich dich für allzu lange Zeit nicht mehr spüren werde.

Meine Gedanken schweifen zurück zur vorletzten Woche, als du das zweite Mal zu mir gekommen bist. Welch einen berauschenden Tag wir doch miteinander hatten.

>>Schon am Morgen war ich in Erwartung auf dich mit einer feuchten Muschi erwacht. Ich war unendlich aufgeregt, dich endlich wieder zu sehen und zu wissen, dass ich mit dir meine Lust in jeglicher Form ausleben kann.
Hatte ich dir nicht eine Überraschung versprochen?
Ich gestaltete unseren *Raum der Lust und Liebe*, bereitete ein wunderschönes Lager, streute Rosenblätter, die dir den Weg ins Paradies weisen sollten und richtete eine große Obstplatte mit vielen klein geschnittenen Stückchen verschiedenster Obstsorten, die ich mit dir in einem prickelnden Ritual verzehren wollte, gewürzt mit den unterschiedlichsten Ergänzungen, um das Lusterlebnis zu erhöhen - mit Zimt, Schlagobers, Vanillecreme und anderen Besonderheiten. Danach setzte ich mich auf einen mit rotem Samt verzierten Stuhl, in meinem roten Minikleid mit roten High Heels, und wartete.

Als es läutete, begann mein Herz noch heftiger zu pochen als zuvor und meine Kleine zwischen meinen Beinen noch intensiver zu fließen.

Wie gut, dass du nicht wirklich gekidnappt

wurdest!

In meinem Heim, das für mich beinahe die Energie eines Tempels verbreitet, habe ich mir diese besondere Überraschung für dich einfallen lassen.
Du musstest mich finden - der Weg zu mir wurde dir durch *kleine, geschriebene Botschaften* gewiesen. Ich hörte dich eintreten - mein Atem wurde vor Aufregung immer heftiger, während ich versuchte zu erahnen, bei welcher Station du dich auf deinem Weg zu mir gerade befindest. Ein von mir zuvor benässtes Höschen lag auf deinem Weg und ich vermutete zu wissen, dass du nun schmunzelnd daran riechst. Ich verlangte in meinen kleinen Botschaften von dir, dich langsam am Weg zu mir zu entkleiden. Wortlos erschienst du kurze Zeit später im Türrahmen. Aufreizend blickte ich dich an. Wir redeten kein Wort. Dein nackter muskulöser Oberkörper ließ meine Lust noch größer werden, diesen kraftvollen Mann ganz in mir aufzunehmen. Langsam öffnete ich meine Beine, das Minikleid rutschte ein Stückchen höher und eröffnete dir den Blick auf mein rotes Schmetterlingshöschen, das unten geöffnet war und dich meine inzwischen pralle, feuchte Pussy sehen ließ, die schon vor Sehnsucht zu pulsieren begonnen hatte. Du knietest dich wortlos vor mich hin und deine Zunge begann mich zuerst sanft, dann immer heftiger zu lecken - ich schrie auf vor Lust und

dem unbändigen Verlangen nach mehr. Du beherrschtest es, mich auf die Folter zu spannen, ein wenig mit mir zu spielen und mich auf die Spitze der Unerträglichkeit zu führen. Langsam begannst du deine Hose zu öffnen - ‚*hatte ich nicht von dir verlangt dich schon am Weg ganz zu entkleiden?*‘ - um direkt vor meinem Gesicht deinen wunderschönen Penis auszupacken. Wie sehr ich ihn wollte. Ich saugte an ihm, bis er noch härter in meinen Händen und meinem Mund pulsierte. In diesem Moment packtest du mich an meinen Hüften, hobst mich in die Höhe, legtest mich auf die Arbeitsfläche meiner Küche und warst mit einem Stoß in mir. Mein Becken bäumte sich auf vor Lust. Nun wollte allerdings ich noch mit dir spielen und nahm hinter meinem Rücken das vorbereitete Tuch, um dir unverzüglich deine Augen zu verbinden. Jetzt warst du mir ausgeliefert und ich genoss meine Macht über dich. <<

Oh mein Gott, wie mir die Hitze aufsteigt - ich muss mich unbedingt im Wasser abkühlen. Ich stehe auf und spüre wie mir mein Saft ein wenig zwischen den Schenkeln hinunterfließt. Es ergeht scheinbar nicht nur Männern mit ihren Fantasien so - ich habe allerdings als Frau das Glück, dass meine Erregung nicht immer sofort äußerlich sichtbar wird. Dann tauche ich meinen lusterfüllten Körper in das kalte Flusswasser. Meine Brustwarzen stellen sich auf - wie schön ich meine kleinen Brüste finde, wenn sie sich zusammenziehen und ganz fest werden in der Kälte. Nur kurz ist dieses Vergnügen im kalten Wasser zu ertragen und wieder lege ich mich auf die Steine in die Sonne. Die Wasserperlen glänzen auf meiner nackten, nahtlos gebräunten Haut und ich genieße meinen Körper und seine Lust. Nochmals schließe ich meine Augen und träume weiter.

>> Wortlos ließ ich deinen Schwanz aus mir gleiten, nahm dich an der Hand und führte dich auf unser Lager.

Es erscheint mir nicht in der Vergangenheit gewesen zu sein - es ist als würde alles im JETZT geschehen! Gibt es überhaupt die Zeit, wo ich doch alles so erlebe, als wäre es in diesem Moment?

Ich lasse dich auf den Rücken legen und bewundere deinen muskulösen Körper. Nun bist du mir tatsächlich vollkommen ausgeliefert und ich hätte eigentlich auch Lust, dich zu fesseln. Doch habe ich heute anderes mit dir vor. Ich freue mich darauf, dich mit all den vorbereiteten Köstlichkeiten zu verwöhnen. Schon stecke ich dir ein Ananasstückchen mit Zimt in den Mund, dem folgt ein Mangostückchen mit Vanillecreme, eine Pfirsichspalte mit Schlagobers, um darauf mit Genuss deinen erigierten Penis, der sich mir entgegen reckt mit Schlagobers zu verzieren und diesen mit großer Lust wieder herunter zu lecken. Immer wieder bettelst du, dass ich dich doch ficken möge.

‚Nein, noch musst du warten!'

Noch füttere ich dich ein bisschen. Du wirst immer unruhiger und ich genieße es die Zeit noch ein wenig zu verzögern, um mich dann umso genussvoller mit gespreizten Beinen über dich zu hocken und mir langsam deinen prallen pulsierenden Schwanz ganz tief einzuführen. Langsam, ganz langsam beginne ich meinen lustvollen Tanz auf dir. Du hast immer noch verbundene Augen und feuerst mich an: „Nimm ihn dir, fick ihn, meinen Schwanz, er gehört ganz dir, mach's dir!" Ich sage zu dir: „Du weißt, dass ich keine Schlampe bin und keine Hure und trotzdem ein geiles Weib sein darf, oder?" Dann nehme ich dir die Augenbinde von deinen Augen und sehe dich herausfordernd an. Du blickst in meine Augen und sagst zu mir: „Du bist keine Hure, du bist keine Schlampe, er ist ganz für dich da. Du bist einfach nur ein fantastisches Weib. Mach´s dir! Du bist eine Wahnsinnsfrau. Nimm ihn dir - so viel und solange du es möchtest!" Losgelöst und in tiefer Lust reite ich deinen Schwanz und damit meinem ersten Orgasmus entgegen, laut schreie ich meine Lust aus mir, bis sich mein Körper in einem vulkanartigen Beben erlöst. Ich genieße diese Freiheit auf dir und weiß, dass du mir alle Orgasmen bereitest, die ich haben möchte. Ich will mehr und mehr und lasse mich auf diesen hohen Wellen in die Unendlichkeit meiner unbändigen Wildheit jagen … <<

Die Sonne brennt auf meinen Körper, ich stecke mir zwei Finger in meine nasse Muschi und lecke alles ab. ‚*Wie dir das wohl schmecken würde?*‘ Wie sehr ich mich danach sehne, dich sofort hier, an diesem Platz wild zu vögeln. Mit dir wäre es sicher ein wesentlich intensiveres Erlebnis als mit dem Cobrabullen, der schon nach knapp 20 Minuten geschafft war. ‚*Warum bist du bloß so weit weg?*‘ Ich habe unendliche Sehnsucht - nach dir, deinem schönen Körper, deiner Stimme, deinen Berührungen, deiner Geilheit auf mich, deiner Zunge, deinem prallen, wunderbaren Penis ganz tief in mir - nach dir!

Erneut tauche ich im Wasser unter und kühle mich ab.
‚*Wo du wohl gerade bist? Vielleicht auf deinem Rennrad unterwegs? Möglicherweise spürst du nun meine Gedanken und fühlst, wie sich etwas in deiner Hose zu regen beginnt. Du bemerkst, wie meine Zunge deine Eichel vorsichtig leckt und meine Finger sie lustvoll massieren. Ob das auf diese Entfernung wahrnehmbar ist? Vielleicht siehst du mich aber auch gerade hier sehnsuchtsvoll auf dich warten?!*‘
Unendlich viele Gedanken gehen mir durch den Kopf, bevor ich mich wieder an unser letztes erotisches Beisammensein erinnere…

>>Du meinst, ich solle doch einmal versuchen leiser zu sein, da sich dann all meine Energie noch intensiver in meinem Unterleib sammeln würde. Ich probiere es aus - atme tief ein und aus - und tatsächlich scheint sich die Kraft der Höhepunkte noch heftiger in mir aufzubauen. Nach einem langen erschöpfenden Ritt auf deinem geilen Schwanz und einer Serie von heißen, vulkanartigen Orgasmen rolle ich mich von dir herunter und lege mich auf meinen Rücken. Du rutschst hinunter zu meinen Füßen und arbeitest dich langsam meine Beine entlang hoch zu meinen Schenkeln, bis du mit deiner Zunge an der Schwelle meiner weit geöffneten Muschi angekommen bist und genüsslich meine angeschwollenen, nassen Lippen leckst, um dann weiter meinen Bauch hinauf zu gleiten, am Weg sanft meine Brüste zu berühren und mich daraufhin innig und intensiv zu küssen. *Wie gut du küssen kannst! Ein purer Genuss.*

Erst jetzt ist der Moment gekommen, uns einander zu begrüßen, und ich frage dich, wie denn deine Fahrt zu mir gewesen sei. Irgendwie vermute ich, dass du dabei in einer Parallelrealität gelandet sein könntest. *‚Bist du nicht zufällig gekidnappt worden?‘* Du schmunzelst nur, blickst mir tief in die Augen, sagst kein Wort und schon dringst du erneut Millimeter für Millimeter langsam in mich ein. Ich atme tief ein und aus und spüre wie sich mein Körper schon wieder vor Lust aufbäumt und sich in einer sanften Welle erhebt, die meine Schenkel und meinen Unterleib zum Vibrieren bringt, Hitze durchflutet mich in jeder Zelle bis in die Fingerspitzen. Ich will mehr, immer mehr. Du füllst mich ganz aus - wild und lustvoll saugen meine nassen Lippen und meine Lusthöhle deinen erigierten Lingam noch tiefer in mich hinein. Wie herrlich sich die Lust und meine Höhepunkte auch in Stille aufbauen können. Wie sehr ich mir wünsche, dass du dich in mir ergießt. Doch dein Wunsch ist es beim ersten Mal auf meinen Körper zu spritzen und in meinen Mund, damit ich ganz von dir kosten kann. Unvermutet ziehst du deinen Penis aus mir heraus, drehst mich um und nimmst mich wild und ungestüm von hinten. Ich knie auf allen Vieren und genieße es, so von dir genommen zu werden - es ist genau so, wie ich es mir vor deiner Ankunft schon *beim Bodenaufwischen auf allen Vieren* vorgestellt habe. Ich spüre, wie er noch härter und praller in mir wird und deine Energie bis zum Orgasmus aufsteigt. In diesem letzten Moment ziehst du ihn aus mir heraus, drehst mich ebenso wie zuvor wild und ungestüm wieder auf den Rücken und spritzt mir überall hin. Genussvoll leckt meine Zunge deinen Saft von meinen Lippen, um ihn zu kosten. Nochmals spritzt du mit einer neuen Entladung über mich - wie ein Vulkan, der zum Ausbruch gekommen ist - um dich dann erleichtert und erfüllt auf mich sinken zu lassen. Ein Fleck an meiner

Wand hinter mir zeigt uns, wie heftig und intensiv du dich ergossen hast …
‚Ob der bleiben wird? Ich hoffe doch nicht!'
Welch ein wunderschön aufregender Beginn eines ganzen Tages, den wir noch vor uns haben.<<

Erneut muss ich mich im Flusswasser abkühlen, so heiß und begierig ist meine *Süße* darauf, dich aufzunehmen. Ich tauche mit meinem ganzen Körper im Wasser unter, gehe zurück an meinen Platz und schließe erneut meine Augen, um mich weiter zu erinnern - zu träumen von meiner unbeschreiblichen Begegnung mit dir.
Meine Schenkel öffnen sich wieder in der Sonne, es wird warm zwischen meinen Beinen und *sie* ist immer noch feucht vom Wasser und vor Erregung.
Ich sammle meine Gedanken und will zurückkehren zu unserer letzten Begegnung.

Plötzlich raschelt etwas in meiner Nähe - *vermutlich ein Vogel*. Ich lasse meine Augen geschlossen, um mich nicht von meiner lustvollen Erinnerung abbringen zu lassen. Ich genieße die Wärme der Sonne und höre das Wasser beständig rauschen. Meine Schenkel öffnen sich noch ein Stück weiter, so wunderbar angenehm ist es, die Sonne auf meiner feuchten Haut und meiner Lotusblüte zu spüren. Ein Schatten über mir - *vermutlich ist eine Wolke über die Sonne gezogen*. Ich will meine Augen

immer noch nicht öffnen, genieße ich doch gerade so sehr meine erotisch prickelnden Gedanken.
Schon spüre ich etwas hartes Pralles an meinen Schamlippen ankommen - ich träume doch so schön! Wie ist es möglich es dabei so real zu erleben? Mit einem harten Stoß ist dieser herrliche Penis in mir und lässt mit einem lauten Schrei, der mir in diesem Moment entkommt, meine Hüften aufbäumen. Weit öffne ich meine Augen und blicke direkt in die deinen. Ich bin fassungslos und unendlich erregt. Voller tiefer Erfülltheit schreie ich bereits im nächsten Moment meinen ersten Orgasmus aus mir heraus, der mich unerwartet und lavaartig überrollt.

Verwirrt blicke ich zur Seite. Ein anderer Mann legt langsam seine Radklamotten ab und ich sehe einen erigierten Penis, der pulsierend nach Erlösung strebt.
Was hast du mit mir vor?
Willst du womöglich hier am Fluss deine Fantasie zur Realität werden lassen?
Deine Radtour mit deinem Freund hat dich zu mir geführt - du konntest nicht mehr anders, du wolltest mich sehen, mich erleben, mich tief erfüllen.
Aber du musstest auch deinen Freund mitnehmen.

Soll das ein neues Abenteuer werden, das du

mit mir erleben möchtest?

Und wenn ich nur dich will?!

Obwohl der Reiz von zwei potenten Männern genommen zu werden schon unbeschreiblich groß ist.

Manches Mal weiß ich tatsächlich nicht mehr, ob ich mich in der Realität, in Visionen oder in meinen Träumen befinde …

Eine lustvolle Massage

Andreas hat noch immer keine Zeit für mich und ich fühle mich so sehr allein gelassen mit meiner Sehnsucht, ihn zu spüren. Er weiß nicht einmal genau, wann er wieder kommen kann. Wie fürchterlich sich das für mich anfühlt - kaum hat sich meine Lust wieder so richtig entfacht, muss ich nun mein loderndes Feuer unter Kontrolle halten. ‚*Ob ich doch wieder auf den barungebrannten Sportcoach oder den Cobrabullen zurückgreifen soll*?' Beide haben mich sehr schnell nach seinem Auftauchen in meinem Leben nicht mehr wirklich interessiert. ‚*Oder vielleicht aktiviere ich lieber eine meiner anderen Optionen - meinen Exfreund, einen anderen ehemaligen Geliebten? ...*'

Einerseits ist es ein angenehmes Gefühl, zu wissen, wie begehrt man als lustvolle Frau sein kann, andererseits fällt es mir tatsächlich schwer, mich einfach auf einen anderen Mann einzulassen, weil ich doch weiß, dass *dieser Eine* einfach richtig gut für mich und meine

Lust ist. Und tief in meinem Herzen bin ich eine treue Frau, wenn ich mich für jemanden entschieden habe - aber der Eine ist ja leider nicht frei für mich.
Meine Güte, wie bin ich hin- und hergerissen zwischen meinen Sehnsüchten nach dem einen Mann, der mit mir mein Leben lebt und meiner ungestillten Lust, die nach Erlösung strebt.
Na ja, ich kann es mir ja noch überlegen - zu gehen, zu bleiben, Sex mit einem anderen zu haben oder einfach die Situation zu akzeptieren und die Momente zu genießen, ohne mehr zu erwarten.

Wenigstens werde ich mir einmal eine gute Massage gönnen. Ich habe vor zwei Wochen einen angeblich fantastischen Masseur empfohlen bekommen - zumindest meinte eine Freundin, ich sollte unbedingt zu ihm gehen. Sie behauptete, dass er ihre Schmerzen auf ein Minimum reduzieren konnte. Er sei ein guter Masseur und attraktiv soll er auch aussehen.
Eine Massage habe ich dringend nötig - ich fühle mich verspannt, weil ich eben schon einige Wochen ohne Sex und auch sonst gerade ein wenig motivationslos bin. Vielleicht könnte mir eine Entspannungsmassage tatsächlich guttun.
Ich vereinbare einen Termin und freue mich auf eine Stunde, um mich zu erholen und zu genießen.

Als ich den Praxisraum betrete, blickt mich ein braungebrannter, muskulöser Sonnyboy an und strahlt über das ganze Gesicht. Mir wird ein wenig schwindlig - ein wirklich attraktiver Mann.
Der sieht beinahe so aus wie der besagte Sportcoach. Irgendwie bin ich etwas verwirrt - der könnte tatsächlich sein Zwillingsbruder sein.

‚Oh mein Gott!‘ denke ich mir, *‚was mache ich bloß, wenn ich in Erregung komme und er es merkt?‘* Ich erkläre ihm, dass ich vor allem Rücken- und Nackenprobleme hätte und mir in erster Linie Entspannung wünsche.
Er schmunzelt ein wenig.

Langsam beginne ich mich zu entkleiden. Ich streife mir mein schönes buntes Sommerkleid, unter dem ich ausnahmsweise ein Höschen anhabe - kann ich doch nicht gleich ganz nackt sein - von meinem Körper. Ich trage darunter ästhetische Seidenwäsche, einen edlen roten Spitzen-BH und den roten dazu passenden String. Ich frage, ob es sinnvoll sei, die Wäsche anzulassen. Er meint, es wäre sinnvoller, sie abzulegen, da alles zu ölig werden könnte. Ein wenig beschämt streife ich nun den BH von meinen Brüsten und spüre seinen Blick auf meinen muskulösen Bauch geheftet. Langsam lasse ich auch das Höschen über meine Beine gleiten und stehe nun splitternackt vor ihm.
Erstaunlicherweise spüre ich meine

Unsicherheit, doch ebenso meine Lust oder vielleicht genau wegen meiner Lust.

Er bittet mich, dass ich mich auf den Bauch legen möge und ich versuche, mich so gut wie möglich entspannt auf die Massageliege sinken zu lassen.
Dann beginnt er, mit seinen starken doch auch scheinbar sensiblen Händen seine Finger entlang meiner Wirbelsäule gleiten zu lassen. Im Nacken und an den Schultern löst er meine tief sitzenden Verspannungen und ich beginne immer mehr zu genießen. Zwischendurch entkommt mir ganz unvermutet ein Seufzer, der meinen Genuss nur unterstreicht. Ich kann einfach nicht anders, bin ich doch eher gewohnt, meinen Gefühlen und Empfindungen immer freien Ausdruck zu verleihen.
Ich nehme mehr und mehr wahr, wie er sich so ganz auf meinen Körper einstellt und in wunderbarer Harmonie seine Finger an alle verspannten Stellen führt, um mir Erleichterung zu verschaffen.
Was ich jedoch auch erlebe, ist ein Ansteigen meiner Lustempfindung, die dieser sehr wohlriechende attraktive Mann in mir auslöst, und zur Folge hat, dass mein Atem etwas schwerer und hörbarer wird. Noch um vieles intensiver wird das Ganze, als er beginnt nun auch über meine Oberschenkel entlang meiner Beine zu massieren, um dann die Hände wieder nach oben zu führen. Unerwartet spüre ich wie

seine Finger ganz kurz die Innenseiten meiner Pobacken berühren, um gleich wieder nach unten zu gleiten. Mir entkommt ein heftiger Atemstoß und im selben Moment erlebe ich zwischen meinen Schenkeln ein mir vertrautes warmes feuchtes Gefühl.

‚Du liebe Güte, hoffentlich erzeuge ich keinen Fleck auf der Liege - wie peinlich wäre das?‘

Als er mich dann nach einigen festen Massagestrichen über meine Beine, bittet, mich nun umzudrehen, erhasche ich einen Blick in seine Augen und sehe ebenso Anzeichen von Lust und ein sehr eindeutiges Lächeln darin aufblitzen.

Ich beginne mich auf meinen Atem zu konzentrieren und versuche mich in eine Selbsthypnose zu versetzen, um noch ein wenig tiefer in die Entspannung, aber vor allem auch zur Ruhe zu kommen.

Doch schon bei den ersten Massagestrichen von oben nach unten, rechts und links entlang meiner Brüste, spüre ich, wie ein unglaublich starker Schauer meinen Körper durchflutet. Meine Brüste sind einfach unglaublich sensibel, sodass es manchmal nur eines Vorbeistreifens bedarf, um mich in Wellen der Ekstase zu versetzen. Er nimmt dies wahr und umkreist sie daraufhin sanft und fest zugleich, bis ich in einem heftigen Atemstoß meinen durch den Körper strömenden wellenartigen Talorgasmus entäußere und ihm mit einem unsicheren, doch sicher auch lusterfüllten Blick in seine Augen

sche, die mich mit geweiteten Pupillen betrachten. Im selben Moment streift eine seiner Hände nach unten und öffnet langsam meine Schenkel. Schon im nächsten Augenblick legt er seine Handfläche auf meine inzwischen heiß pochende und nasse Muschi, auf der er diese dann ohne Bewegung ganz ruhig verweilen lässt - wie kann er ahnen, wie sehr mich diese bloße Berührung schon verrückt macht? Erneut spüre ich die nächste Welle durch meinen Körper strömen und fühle, wie meine Hüften sich kurz aufbäumen, während gleichzeitig ein verhaltener Schrei der Lust aus meinem Mund kommt und heißer Saft über seine Hand rinnt.

‚Oh mein Gott, ich ahnte es ja, als ich ihn gesehen hatte. Ist mir das peinlich. Oder vielleicht doch nicht? Was tut der bloß mit mir? Sollte sich mein Wunsch nach Sex so unerwartet hier erfüllen?‘

Seine andere Hand beginnt nun intensiv meine Brust zu massieren, während er mit seinem Mund auf der anderen Seite an meiner Brustwarze saugt und ich nichts mehr möchte, als diesen Mann nun wirklich ganz in mir aufzunehmen. Zu lange war die Zeit der Enthaltsamkeit, als dass ich mich jetzt noch weiter beherrschen wollte.

Außerdem sehe ich schon durch seine weiße Hose einen stark erigierten pulsierenden Penis, der vermutlich demselben Ziel zustrebt, wie meine inzwischen glitschig nasse Muschi.

Ein wenig versucht dieser Mann doch noch

seine professionelle Massage fortzusetzen, indem er nun mit kraftvollen Fingern meinen gesamten Körper von oben nach unten abstreift, was meine Lust erbarmungslos steigert. Ich öffne weit meine Schenkel und wünsche mir nichts mehr als sofort von ihm mit seiner Zunge geleckt zu werden.

Da er inzwischen auch schon schwitzend und etwas schwerer atmend an der Massageliege steht, beginnt er sich sein Shirt auszuziehen. Ich blicke auf einen makellos wunderschönen Sixpack, was mich noch mehr erregt, liebe ich doch den Anblick eines schönen Männerkörpers.

Dann beugt er tatsächlich seinen Kopf zwischen meine Schenkel und beginnt mit seiner wendigen Zunge meine Schamlippen lustvoll zu lecken, um dann meinen Kitzler zu umrunden, während seine Finger in meine heiße pulsierende Höhle eindringen. Ich genieße und spüre langsam zu versinken, in einen Wirbel von Ekstase, der meinen Unterleib erbeben lässt, um sich mit einem Schrei der Erleichterung in einem Höhepunkt zu erlösen.

Doch ich will mehr - das ist doch erst ein schönes lustvolles Vorspiel. Ich will diesen pulsierenden harten Penis in meinem Inneren spüren, ganz tief. Ich liebe es genommen zu werden, noch mehr in all meiner Wildheit einen geilen Schwanz zu reiten, da ich mir auf diese Weise meine ultimativen Höhepunkte holen kann.

„Komm doch endlich ganz zu mir!“ fordere ich

ihm auf.
Er hebt seinen Kopf, sieht mich nochmals fragend an und steigt zu mir auf die Liege, nachdem ich ihm klar signalisiert habe, was ich wirklich will. Er streift seine Hose über seine Hüften nach unten, gleitet über mir zu meinem Gesicht nach oben, um mir seinen von meinem Saft benässten Mund auf meine Lippen zu legen und mich intensiv zu küssen, während er ganz langsam seinen prallen Schwanz in meine heiße Pussy gleiten lässt. Frei und ungezwungen spüre ich meine köstlichen sanften Orgasmen kommen - doch will ich den ultimativen erleben, weswegen ich ihn bitte, mich doch seinen harten Penis reiten zu lassen. Er dreht sich auf den Rücken. Irgendwie scheint nun diese Liege etwas zu schmal zu sein, weswegen wir uns nach unten auf den Teppich gleiten lassen und ich endlich ungestüm meiner unbändigen Lust freien Ausdruck verleihen kann. Ich reite und blicke in seine Augen - wie sehr ich es liebe, über die Augen die Lust noch zu steigern. Er blickt mich an, scheint ein wenig überfordert zu sein mit meiner ungezügelten Wildheit, hält mir jedoch stand bis ich in voller Lautstärke meinen wirklich intensiven Orgasmus aus mir herausschreien kann. Nun will ich mehr, doch merke ich auch, dass ich ihn damit endgültig überfordern würde, weswegen ich mich bereitwillig auf den Rücken drehen lasse, damit er mich ganz nach seinem Bedürfnis nehmen kann, um dann in oder auf mir seinen heißen

Saft zu verströmen. Ein wenig bin ich doch schon gesättigt und genieße es nun umso mehr, einfach nur entspannt dazuliegen und hart und tief seinen prallen Penis in meine heiße Muschi gestoßen zu bekommen. Selbst beim Sex verhält er sich wie der Sportcoach, mit dem ich diese einmalige Kurzbegegnung hatte - lustvoll, doch auch schnell ein wenig überfordert.
‚Ob die beiden vielleicht tatsächlich Brüder sind?‘
„Fick mich, nimm mich ganz, komm doch!“ So feuere ich ihn an, bis ich spüre wie sein muskulöser, schöner Körper sich über mir aufbäumt, während seine Schweißperlen auf den meinen tropfen und er mit einem lauten, doch etwas verhaltenen Atemstoß sich in mir ergießt. Sein heißer Saft strömt in meine pumpende Muschi und füllt sie aus - noch zwei Mal zuckt sein Körper auf, um weitere Stöße seines Saftes in mich fließen zu lassen.
Dann sinkt er erleichtert auf mich.
Wir blicken einander in die Augen, ziemlich verblüfft, doch zufrieden - ein wenig verwirrt.

Welch eine lustvolle Massage!

‚Ob er das mit anderen Frauen auch auf diese Weise erlebt?
Na, das spielt im Moment doch keine Rolle.‘

Nachdem wir uns beide wieder angezogen haben, frage ich ihn, was ich ihm denn schuldig

sei.
Meine Bezahlung wollte er in Anbetracht der etwas ungewöhnlich verlaufenen Massage nun doch nicht annehmen.
Irgendwie ist die Situation gerade ein wenig angespannt.
Etwas verlegen verabschieden wir uns mit einem flüchtigen Kuss.
Als ich dann leicht aufgelöst und mit zerzaustem Haar den Massageraum verlasse, sitzt dort bereits im Warteraum ein junger Mann, der mich mit einem verschmitzten Blick ansieht und von oben bis unten mustert.
‚Ist er womöglich schon längere Zeit hier gesessen?‘

Ich verlasse mit einem verunsicherten Lächeln die Praxis und bin froh, an der frischen Luft zu sein, um frei durchzuatmen.

Das war wieder einmal ein ungewöhnliches Abenteuer.

Hätte ich mir noch vor zwei Stunden gedacht, dass ich bei meiner Massage Entspannung auf diese Art und Weise erleben würde? Nicht wirklich - aber ein Abenteuer ist doch immer etwas Aufregendes und ich liebe Abenteuer der besonderen Art.

Außergewöhnliche Erlebnisse waren immer wieder Teil meines Lebens. Da könnte ich noch von einigen erzählen - doch im Moment verweile ich lieber bei jenen meiner unmittelbaren Vergangenheit …

Der Bulle

Plötzlich hast du dich wieder bei mir gemeldet - nach einer recht langen Zeit, die seit unserem ersten Treffen vergangen ist. Mit dir hatte ich gar nicht mehr gerechnet. Du bist damals wortlos einfach untergetaucht und ich hatte kurz danach Andreas, den besten Liebhaber, den ich mir hätte wünschen können, wieder getroffen.
Heute hast du mir vollkommen unerwartet eine kurze SMS geschrieben.
Dein Vorschlag war ziemlich eindeutig und ich bin darauf eingegangen. Ich dachte mir, dass vielleicht doch noch einmal eine Begegnung mit dir stattfinden könnte, weil unsere letzte eigentlich recht unbefriedigend zum Abschluss gekommen war und ich außerdem keine Ahnung habe, ob und wann mein Liebhaber endlich wieder bei mir auftauchen würde. Ich muss tatsächlich aufpassen, mein Herz für ihn nicht zu sehr zu öffnen und zu warten, weil er mir doch von Anfang an klar seine Vorstellungen definiert hat.

Insofern käme mir eine kleine Ablenkung recht gelegen.

Du wolltest heute kommen, du wolltest Spaß mit mir haben, so wie ich mit dir - vielleicht wäre es dir ja in meinem Zuhause leichter gefallen, länger durchzuhalten, als an einem öffentlichen Platz in der Natur. Du meintest, du meldest dich nach einer Besprechung wieder, um mir zu sagen, wann du genau kommen kannst.
Das war dann die letzte SMS, die ich von dir erhalten habe.

Zuerst eine Frau locken und danach wortlos verschwinden - welch ein dummes Machtspielchen und das von einem Mann. Ich dachte, es seien eher Frauen, die solche miesen Lock-Spielchen inszenieren.
Du bist ein weiteres Mal schweigend untergetaucht, hast deinen Schwanz im wahrsten Sinne des Wortes eingezogen und dich tatsächlich nicht mehr gemeldet.
Welch ein Armutszeugnis!

Vermutlich hattest du doch Angst vor Überforderung gehabt - ja ich weiß, was ich will und was ich brauche, einen Mann, mit dem ich wirklich Erfüllung erleben kann, am liebsten stundenlang.
Ich will nicht bloß ein Amuse-Gueule - so wie beim letzten Mal - ich will das gesamte Menu.

Eigentlich war mir von Anfang an klar, mit wem ich es zu tun hatte - du bist ein Bulle der Antiterroreinheit Cobra. Ein beeindruckender Macho, als ich dich kennengelernt habe, aber ohne Manieren. Ein Mann, der vor Kraft und Muskeln strotzt, der ein echter Mann ist, zumindest von seinem äußeren Erscheinungsbild, aber leider einer, dem jeglicher Stil fehlt und der nicht wirklich weiß, wie man sich bei einer Frau, die eine *Vollfrau* ist, die Klasse, gute Erziehung und Bildung hat, und dennoch ein lustvolles Weib sein kann, zu benehmen hat.
‚Hätte ich mir etwas anderes erwarten können? Eigentlich finde ich es fürchterlich, mich gerade mit Vorurteilen zu konfrontieren ... es gibt sicher auch in diesen Berufskreisen Männer, die wissen, wie man sich zu verhalten hat, und die respektvoll im Umgang mit Frauen sind.‘
Leider *down-gedatet*, wie meine Freundin Laura meinte - aber immerhin hatten wir ja eine kurze, ziemlich lustvolle Begegnung - zwar nicht einen *One-Night-Stand* aber einen *Short-Afternoon-Stand* an einem schönen Tag, der schon genussreich begonnen hatte.
Eigentlich hattest du mich an diesem Tag zum Frühstück in ein nettes Restaurant eingeladen.
Auf *meinen späteren Wunsch nach mehr* - es blieb nicht nur bei diesem Frühstück - meintest du damals ganz entsetzt - nach unserem kleinen Abenteuer am Fluss - wir hätten ja schon Frühstück und Mittagessen gehabt, und bist

erschöpft eingenickt. Ich hatte doch bloß vorgeschlagen, noch für ein paar lustvolle Stunden in meinem Apartment weiterzumachen. *Ob ich dich umbringen wollte*, meintest du daraufhin ganz trocken und bist, nachdem du mich zu Hause abgesetzt hast, aus meinem Leben verschwunden..
‚Bist du womöglich nur Frauen gewohnt, die mit dir die Porno- Kurzvariante leben wollen?‘

Aber bevor ich dich nun endgültig zu den Akten lege, abgehakt als ein kurzes, lustvolles Erlebnis mehr in meinem Leben, gehe ich noch einmal ein wenig in der Zeit zurück und denke an unseren gemeinsamen Tag, den wir damals miteinander erlebt haben. Es geschah knapp eine Woche, bevor Andreas, mein außergewöhnlicher Geliebter, in mein Leben trat.
Alles begann eigentlich sehr schön und anregend …

>> Du lädst mich zum Frühstück ein und holst mich sogar von zu Hause ab - ein Mann, der wirklich bemüht und höflich ist.
Was tut man - MANN - doch nicht alles, um zum Ziel zu kommen - zum vermutlich einzigen Ziel, das du damals scheinbar anstrebtest ... Goal!
Du steigst aus deinem tollen Wagen, um mich freundlich zu begrüßen - ein echt maskuliner Typ, den ich in der Woche davor kennengelernt habe.

Meine fast 80jährige Nachbarin hatte dich gesehen und am nächsten Tag gemeint: „Dieser Mann wäre schon eine Sünde wert.“ Wie sehr ich bei ihrer Bemerkung doch schmunzeln musste.

Ich sehe dich an - enge Jean, Hemd über der Hose, Sonnenbrille, Kurzhaarschnitt - richtig cool, so ganz anders als beim ersten Kennenlernen - einfach ein Mann, der wirklich eine Sünde wert zu sein scheint.

Schon bei deinem Anblick beginnt sich leichte Erregung bei mir spürbar zu machen - manchmal ist es richtig mühsam, wie schnell meine Muschi feucht wird. Wie erotisch anziehend doch männliche Kraft sein kann. Ich weiß, neben dir kann mir nichts passieren. Auch wenn einer mit einem Messer käme um mich zu bedrohen, müsste ich an deiner Seite keine Angst haben. Du würdest ihn mit einem Schlag außer Gefecht setzen. Du bist kraftvoll, sexy, erotisch und ein ungehobelter Macho, ein Bulle, der weiß, was er will und das erregt mich.

Ich will vermutlich in diesem Augenblick dasselbe wie du - Sex.

‚Aber doch sicher nicht beim ersten Treffen! Das tut eine anständige Frau einfach nicht.‘ Ich hatte nicht einmal den Rat meiner Freundin befolgt, meine Muschi für alle Fälle zu rasieren, so sicher war ich mir meiner Standhaftigkeit.

Wir wollten doch nur frühstücken gehen.

Zu Beginn bedarf es natürlich ein wenig des typischen Spiels von „werben und umworben werden“ und wir beherrschen es beide. Ich genieße es sogar. Du lädst mich zum Frühstück in ein Lokal an einem netten, kleinen Teich ein, wir haben eine oberflächliche, aber angeregte Konversation - alles wie es sich in unseren gesellschaftlichen Konventionen einfach gehört. Das, obwohl uns beiden sofort klar ist, was wir wollen …

Irgendwie unnötige Zeitverschwendung!

Nach unserem köstlichen Essen gehen wir im Wald spazieren.

Meine Lust steigert sich enorm und ich erfahre von dir so nebenbei, dass du eigentlich noch lange Zeit hast - bis zum Abend.

‚Du liebe Güte - ob ich dir heute wirklich widerstehen kann?‘

Ich hatte wirklich gedacht, wir wollten nur frühstücken gehen - mit mehr hatte ich keinesfalls gerechnet.

Wie geschickt du das eingefädelt hast - eine sehr unerwartete Überraschung für unser erstes Date.

‚Warum sage ich nicht einfach: „Komm, fahren wir zu mir zum Vögeln - das wollen wir doch eigentlich beide!“ Es kommt mir unmöglich über meine Lippen.‘

Die Spannung steigt im Wald enorm. Schon dort wäre es mir lieber, an einem Baum von dir genommen zu werden, als diesen langweiligen Spaziergang zu machen.

‚Ich halte mich an einem Ast fest, öffne meine Beine, ganz langsam unter meinem Rock - ein

Höschen habe ich zum Selbstschutz angezogen. Einerseits wollte ich ganz sittsam bleiben und andererseits keine Flecken am Rock erzeugen, wenn wir bei Tisch sitzen...
Kannst du mich nicht endlich nehmen...
Ich hänge mich an diesen Ast und beginne zu wippen...
Du kommst zu mir, streifst meinen Rock hoch, schiebst den Slip zur Seite und leckst mich, um mir dann langsam deinen ...‘
In dem Moment - ich bin gerade so in meine Gedanken versunken - drückst du mich an den nächsten Baum und küsst mich unerwartet. Meine Güte, wie ich mich ziere. Wie eine Jungfrau drehe ich meinen Kopf zur Seite …
Ich spiele nun das Spiel von locken und zurückziehen.
Ein bisschen mehr musst du schon investieren, um mich zu bekommen.
Nach aufreizenden Blicken, wenigen verhaltenen, doch lustvollen Küssen und spannungsgeladen gehen wir zum Restaurant zurück, um abermals zu essen - jetzt ein Mittagessen, zu dem mir eigentlich schon der Appetit fehlt, so erregt und überreizt wie ich gerade bin. Du musst mich nur sanft berühren und schon bebt mein Körper vor Verlangen.
„Warum zitterst du so?“ fragst du mich verschmitzt grinsend. ‚*Warum wohl?*‘ Ich blicke dich mit großen Augen an und versuche mich irgendwie zu beherrschen.
Du genießt dieses Spiel mit mir. Die Umgebung

verschwindet - ich will dich. Du küsst mich immer wieder, fährst irgendwann mit deinen Händen unter meinen Rock, sodass ich nur mehr aufschreien könnte vor Lust. Ich bitte dich darum, endlich mit mir das Lokal zu verlassen, ich kann mich einfach nicht mehr zurückhalten, die Anspannung erscheint mir unerträglich.

‚Nein, ich muss anständig bleiben - beim ersten Treffen vögelt man nicht mit einem Mann - das habe ich doch gelernt und das ist immer noch in meinem Kopf verankert - eine anständige Frau tut so etwas einfach nicht.‘

Wie idiotisch! Dieses Programm ist an diesem Tag ganz stark in mir verankert - anstrengend.

‚Das, was Spaß macht, zählt doch im Leben. Ich bin frei und niemandem Rechenschaft schuldig, außerdem eine erwachsene Frau und klar in meinen Vorstellungen. Deine machomäßige Art reizt mich, auch wenn dir Tischmanieren fehlen - aber darum geht es im Moment ja nicht.

Was soll jetzt geschehen? Ich schaffe es einfach nicht mehr „anständig zu bleiben“. Ich will es nicht ...‘

Endlich begleichst du die Rechnung und wir brechen auf.

Aber wohin?

Du hast scheinbar auch nicht den Mut auszusprechen, was eigentlich Sache ist und schweigst. Da es inzwischen ein wirklich heißer Frühsommertag geworden ist, schlage ich endlich vor, in die Natur an einen Fluss - meinen Lieblingsplatz - zu fahren.

‚Ich liebe es in der Natur gevögelt zu werden. Endgültig lasse ich meine Bedenken los - ich weiß, ich will Sex mit dir - sofort.‘
Wir machen einen Zwischenstopp bei mir, um eine Decke und Badesachen zu holen.
Hier verpasst du die Chance, mich einfach zu packen und auf meinem Lammfell-Teppich zu nehmen. Fluchtartig verlässt du wieder mein Apartment, kurz nachdem du es betreten hast. Wie gut du den beherrschten, höflichen Mann mimst. *‚Willst du mir tatsächlich beweisen, dass du doch nicht so ungehobelt bist, wie du mir eigentlich zu sein scheinst?‘* Während ich meine Sachen zusammen packe, höre ich dich meine Nachbarin begrüßen, die uns auch noch bei unserer Abfahrt nachblickt.
Wir fahren weiter - ungefähr zwanzig Minuten Fahrt stehen uns bevor ... welch eine Gelegenheit es doch wäre, mich zu dir hinüber zu beugen, dir deine Hose zu öffnen und deinen Schwanz auszupacken - ein kleines lustvolles Vorspiel.
‚Aber auch das tut man doch nicht. Ich doch nicht ... Niemals!‘
Die Spannung steigt enorm, es knistert förmlich vor Lust.
Es ist vollkommen klar, was wir beide endgültig wirklich wollen.
‚Oh mein Gott, und ich habe meine Muschi nicht schön getrimmt. Hätte ich doch nur auf Laura gehört. „Glaubst du, ich habe mit dem Typen gleich beim ersten Treffen Sex? Niemals!

Ich bin doch eine gut erzogene Frau.", meinte ich auf ihren Vorschlag hin. Sie lachte bloß am anderen Ende der Leitung und wusste bereits, was geschehen würde.
Wenigstens sind meine Beine frisch rasiert. Aber die Härchen überall - und meine Menstruation ist auch noch nicht vollkommen abgeklungen ... nein, es darf einfach nichts geschehen! Was soll ich bloß tun?
Wie konnte ich wissen, dass du so lange Zeit hast.
Und jetzt das!'
Meine Gedanken spielen verrückt …
Aber irgendwie kann mich das alles auch nicht mehr von meiner Lust auf deinen prallen Schwanz in mir abbringen.
‚Ob der auch so kraftvoll ist wie dein männlicher Körper?'

Nach 25 Minuten erreichen wir endlich unser Ziel.
Mit meiner Decke ausgerüstet, waten wir durch das kalte Flusswasser, um einen *einsamen, schönen Schatten-Sonnen-Platz* zu finden. Du gehst vor mir - die Jeans hochgekrempelt lässt mir den Blick auf deine festen Waden frei - dazu der muskulöse Oberkörper und der knackige Hintern - ein kraftvoller Mann. Wie sehr ich solche Körper genieße. *‚Ob dein Schwanz wirklich genauso kraftvoll ist wie dein aufregender Körper?'* Ich denke nur mehr an das Eine - an Sex …

Mir ist endgültig klar geworden, dass es geschehen wird - bin ich froh, dass wir am Wasser sind.

‚Aber ich muss dich schon vorwarnen - manche Männer mögen es einfach nicht während der Menstruation. Eigentlich ist sie schon fast vorbei ... Ob es dich wohl nicht ekelt ...?‘

So viele Gedanken gehen mir auf unserem Weg durch den Kopf.

Endlich finden wir eine Stelle, an der wir uns niederlassen wollen - eine schöne sandige Fläche, ein wenig Schatten, ein wenig Sonne. Der optimale Platz, obwohl schon ein wenig einsehbar.

Zuerst ziehe ich mich nur bis auf meine weiße Spitzenwäsche aus - wenigstens habe ich mich zu Hause noch frisch gemacht - du dich auch bis auf die Unterhose ... wir sehen uns an und lächeln verlegen, doch irgendwie eindeutig.

‚Wozu diese Scheu?‘

Ich liebe es doch sonst auch immer nackt zu sein, ohne mir Gedanken zu machen, was sich andere denken könnten. Also ziehe ich mich ganz aus und tauche ins eiskalte Wasser - für einige Momente tauche ich immer wieder vollkommen unter.

Nun fühle ich mich gleich noch sauberer.

Als ich endgültig wieder auftauche, liegst du schon auf der Decke und wartest - dein erigierter Penis ragt in die Höhe und streckt sich mir entgegen, er ist wirklich so kraftvoll und mächtig wie dein ganzer Körper.

Etwas verlegen meine ich, dass ich mich am letzten Tag meiner Menstruation befinde. *In solchen Momenten freue ich mich irgendwie schon auf meine Menopause.* Du signalisierst mir jedoch eindeutig, dass es dich keineswegs störe.

‚Aber meine nicht getrimmten Haare ... Vergiss es ... Er will ja dasselbe wie ich ...'

Letztendlich siegt die Lust und lässt all meine Bedenken verschwinden. Ich beschließe mich ganz dem Moment zu ergeben, lege mich zu dir und spreize meine Beine - mit tiefem Begehren und großer Lust schaue ich dir in die Augen und will es endlich von dir besorgt bekommen. Du steckst mir sofort deine Finger in meine heiße pulsierende Muschi, findest ohne Umschweife meine empfindlichste Stelle und feuerst mich an: „Komm Baby, spritz ab - ich hab dich!!!" Wild und ungestüm massierst du meinen G-Punkt - ich bebe vor Lust und unglaublicher Erregung, die sich über Stunden aufgebaut hat. Irgendwie fällt es mir schwer, mich hier so richtig gehen zu lassen, könnte doch jederzeit jemand auftauchen …

Wie lange habe ich solch eine wilde, ungezügelte Begegnung nicht mehr gehabt.

‚Irgendwie schon sehr oberflächlich...

Und doch will ich mehr - endlich deinen Schwanz in mir spüren, ganz tief in mir will ich von dir genommen werden - fick mich doch bitte endlich ...'

Doch plötzlich bäumt sich alles in mir auf und

mit einem lauten Lustschrei in der wilden Natur entlade ich mich, sodass mein heißer Saft über deine Finger aus mir heraus rinnt. Unsicher blicke ich nach unten. *‚Kein Blut - bin ich erleichtert ...‘*
Diese Entladung bringt mich jetzt endgültig in meine hemmungslose, ungezügelte Lust. Die Möglichkeit gesehen und gehört zu werden regt mich jetzt eigentlich nur noch mehr an. Diese Mischung aus Scham und unbändiger exhibitionistischer Begierde mit dem Gefühl, dass andere uns gerade zusehen, lässt mich immer erregter werden. Manchmal kann ich einfach eine absolut wilde, feurige und freie unersättliche Frau sein - und ich liebe die Natur um mich.
Du legst dich endlich auf den Rücken, damit ich dich reiten kann, wild und ungestüm, bis ich mir hoffentlich all meine Orgasmen, die ich haben will, geholt habe. *‚Ob du das schaffst? Ich glaub schon - du hast sicher das Stehvermögen, bei dem geilen Schwanz.‘*
Jetzt gehört dieser Schwanz ganz mir und du treibst mich an in meiner Lust: „Komm doch du geiles Weib! Hol´s dir, nimm ihn dir! Mach´s dir Baby!“ *‚Ja sporn mich an‘* - ich reite dich einfach zügellos und will nur mehr meine Höhepunkte aus mir schreien.
Plötzlich vermute ich, dass Wanderer über uns den Weg entlang gehen. Irgendein lautes Rascheln habe ich trotz meines heftigen Atems und Stöhnens kurz vernommen. *‚Vielleicht holt*

sich gerade ein einsamer Wanderer da oben einen herunter, während er uns hört und unsere schönen Körper in wilder Lust am Wasser vögeln sieht.‘ Dieser Gedanke feuert mich noch mehr an und ich reite mich wild und hemmungslos zum ultimativen Orgasmus, der mich nun erst richtig in Wallungen bringt und meine Lust nach mehr nochmals steigert. Doch dir scheint dieser eine Höhepunkt von mir zu genügen und du meinst ganz plötzlich, dass ich dir nun einen herunterholen sollte. *‚Also doch nur die Porno- Kurzvariante! Wie schade ... Oder ist es auch bloß deine Verunsicherung in der Öffentlichkeit?‘*
Etwas verwirrt, und noch nicht wirklich gesättigt, gleite ich von deinem Körper und nehme deinen prallen Schwanz in meine Hände, um ihn zu massieren und zu lecken. Ich sauge an ihm, fest und intensiv, knete ihn noch fester in meinen Händen, doch du brauchst es scheinbar härter. „Wichse ihn - härter, fester, mach´s mir!“*‚Ob ich es so wirklich will? Nein, das kann ich nicht - es stößt mich ab ... oh mein Gott, ich bin ja keine billige Nutte. Wie tief bin ich jetzt gefallen...? Was tue ich da gerade?‘* Es beginnt mich vor der Situation beinahe zu ekeln.
Du erfasst mein Zögern und nimmst mir deinen nach Erlösung strebenden harten Schwanz aus der Hand, um ihn dir selbst wild und gierig zu masturbieren, bis du mir deine unvorstellbare Ladung heißen Safts in mein Gesicht, in meine

Haare, auf meinen Mund und meine Brüste spritzt und danach erschöpft und befriedigt zusammensackst.

‚Jetzt nichts wie ins Wasser…

So gierigen aber vor allem wirklich „billigen“ Sex - und noch dazu so schnell beendet - hatte ich schon lange nicht mehr gehabt, war ich doch in den letzten Jahren ganz anderes gewohnt. Sex war für mich immer lustvoll, aber auch etwas besonders „Heiliges“. Was eine bloße Veränderung der inneren Haltung alles auslösen kann. Ich habe doch erst letzte Woche endgültig beschlossen, alles was kommt und Spaß macht zuzulassen - dann gleich eine so hemmungslose Begegnung zu erleben, ist schon sehr erstaunlich. Naja, ich war ja offen für alles. War es wirklich so etwas, was ich wollte?

Manchmal muss man aufpassen, was man sich wünscht. Eine Erfahrung, die ich schon über viele Jahre nicht mehr gemacht hatte und eigentlich nicht unbedingt auf diese Weise noch einmal erleben möchte. Nein…so nicht mehr!‘

Gedankenversunken liege ich da und versuche mich zu beruhigen.

Wieder habe ich das Gefühl, es könnte jemand in der Nähe sein - im selben Moment bilde ich mir ein, einen Schatten über uns vorbeihuschen zu sehen.

Ich springe auf, um mich endlich abwaschen zu können.

‚Ist der oben am Wanderweg auch fertig

geworden? Eine gute Vorlage hätten wir ja geboten.'

Gemeinsam tauchen wir wortlos ins Wasser ein, um uns den Schweiß und alle anderen Spuren vom Körper zu waschen. Der wilde Sex hat meine schon abgeschlossene Menstruation scheinbar doch wieder ein wenig aktiviert – *‚wie peinlich*!' Ich bin wirklich froh, dass wir hier am Wasser sind, um uns gleich wieder zu säubern. *‚Ist schon ein bisschen unangenehm, wenn man sich noch gar nicht kennt! Gott sei Dank bist du kein Mann, der mit meinem Blut ein Problem hat. Aber es war schon alles sehr ...'*
In dem Moment, in dem wir aus dem eiskalten Flusswasser auftauchen, kommen aus der Biegung des Flusses Wanderer auf uns zu. *‚Haben die gewartet, bis wir fertig sind?'*
Einer der beiden hat ein ganz eigenartiges, hämisches Grinsen im Gesicht …
Schnell packe ich meine Sachen und ziehe mein Kleid über meinen nackten, nassen Körper.
Unsere Lust schwingt immer noch in der Atmosphäre.
Wir suchen uns nun einen sonnigeren Platz und finden ihn nach der Flussbiegung. Dort legst du dich hin und nickst ein.
‚Oh je, wieder einmal ein Typ, der erschöpft ist nach kurzem wildem Sex! Dabei bin ich jetzt erst so richtig auf den Geschmack gekommen und wünsche mir eigentlich mehr zu erleben -

vor allem mehr Intensität auf tieferer Ebene. Das war doch erst das Horsd'œuvre.'

Ich selbst bin nun - *nach diesem kurzen Vorspiel* - erst recht vollkommen lusterfüllt und vor allem in gewisser Weise unerfüllt …
Noch dazu, wo ich doch erst vor einer Woche meine Zeit der Enthaltsamkeit wieder aufgegeben habe und bloß ein nettes, aber nicht sehr aufregendes Abenteuer mit einem Sportler hatte, der am Tag danach für einige Wochen nach Tirol abgereist ist, um dort ein Einzel-Sportcoaching mit einem reichen Russen zu machen .<<

So verlief unsere Erstbegegnung vor knapp vier Wochen, nach der du dann wortlos wieder verschwunden bist. Wirklich leid hat es mir nicht getan, aber meine Wut war enorm. Ich kann respektlose Menschen, die einfach untertauchen, nicht ertragen.

Gott sei Dank hat sich eine Woche danach Andreas bei mir gemeldet. Dieser Mann ist mir geschickt worden - er ist ein Mann, der es beherrscht mich mit seiner Männlichkeit wirklich zu beschenken und mir dadurch die vollkommene Hingabe meiner Weiblichkeit und meiner freien Lust ermöglicht.
Mein Wunsch ist zumindest in dieser Hinsicht endlich erfüllt worden, auch wenn er nicht der Mann ist, mit dem ich eine Liebesbeziehung

leben kann.

Und plötzlich, heute Morgen - nach vier Wochen ohne jegliche Kommunikation - hast du gemeint, zu mir kommen zu wollen. Es kam eine kurze SMS-Nachricht, dass du mich bei mir zu Hause besuchen kommen willst. Mein weibliches Ego war geschmeichelt, und ich ging darauf ein.

SMS um 08:55 Uhr*: Hast du heute schon etwas vor?*
Etwas verwundert über dein Auftauchen nach so langer Zeit antwortete ich um 08:58 Uhr: *Eigentlich nicht - hättest du einen Vorschlag?*
Eine „Behandlung" auf deinem schönen Fell im Wohnzimmer täte mir sicher gut - SMS von 09:02 Uhr.
Meine Antwort: *Wann hast du Zeit? Ich bin frei und flexibel* - SMS von 09:05 Uhr.
09:07 Uhr: *Ich bin gerade in einer Besprechung und melde mich danach!!!*

Das war es dann.

Jetzt ist es 22:02 Uhr ... du Mistkerl hast dich den ganzen Tag nicht mehr gemeldet.
Vielleicht wolltest du ja nur testen, ob du nochmals bei mir landen könntest.
Möglicherweise hast du das für dein männliches Ego noch gebraucht. Und ich bin so dumm gewesen, mich darauf einzulassen.

SMS von mir an dich um 22.05 Uhr: *Hallo, dass du keinen Stil hast, hast du heute endgültig bewiesen. Wir hätten miteinander möglicherweise wirklich Spaß haben können, aber du beherrscht ja nicht einmal die zwischenmenschlichen Spielregeln.*
Alles Gute für dein Leben!

Das musste ich noch loswerden, um meinen Selbstwert wieder ein wenig zurückzugewinnen.

Abgehakt - manchmal begegnet man *Arschlöchern* im Leben, aber was hätte ich mir von ihm noch erwarten sollen, einem Mann, der offensichtlich keine Manieren gelernt hat - leider ein Mann wie viele andere, dem jeglicher Respekt vor einer Frau zu fehlen scheint und diese bloß als Spielzeug sieht.

Zumindest war die eine kurze Begegnung mit ihm ein aufregendes Erlebnis - einzustufen unter der Kategorie
„Ein weiteres nicht alltägliches Abenteuer".

Dennoch bin ich froh, dass es auch viele andere Männer gibt, vor allem all jene, die noch viel besseren Sex zu bieten haben und trotzdem Stil beweisen.

So einem Mann bin ich glücklicherweise in der Zwischenzeit begegnet - vermutlich ist es doch das Beste, sich auf das zu konzentrieren, was

wirklich Qualität beinhaltet, auch wenn es auf Grund der Umstände nicht allzu oft sein kann. So blieb ich Andreas wenigstens in gewisser Weise treu - die Umstände haben es nicht anders gewollt.
Eigentlich bin ich froh, dass dieser Kelch an mir vorübergegangen ist.
Es sollte scheinbar wirklich nicht anders sein.

Mein wunderbarer Geliebter, wird ja hoffentlich doch bald wieder einmal auftauchen.

Manchmal ist im Leben Geduld gefragt.

So träume ich weiter, in meiner Vorfreude auf all das, was wir noch erleben werden und genieße immer noch meine Erinnerungen und schönen ausschweifenden Fantasien …

Telefonat mit einem Unbekannten

Gemütlich sitze ich in meinem Wohnzimmer, lese ein spannendes Buch und genieße die Stille um mich. Irgendwie schweifen zwischendurch meine Gedanken immer wieder ab.
Ich vermisse Andreas - es sind jetzt tatsächlich schon beinahe vier Wochen vergangen, seit wir uns das zweite und vorläufig letzte Mal gesehen und intensiv gespürt haben.
Ich gleite gedanklich wieder einmal zu unserer letzten lustvollen Begegnung ab und atme tief durch.
‚Es ist schon fantastisch, wie er meine süße feuchte Pussy leckt, wie sehr er weiß, was mir guttut und wie fantastisch standhaft er im wahrsten Sinne des Wortes ist. Er kann stundenlang mit mir vögeln und ich liebe es, endlich wieder einmal einem Mann begegnet zu sein, der genauso wie ich, nie aufhören möchte. Er kann mich nehmen und für mich da sein, sodass ich endlos in meinen Orgasmen schwelgen kann - einfach göttlich. Dennoch

reicht mir diese Warterei - sollte ich diese noch nicht lange dauernde Affäre nicht lieber beenden? Er ist doch weder frei, noch hat er wirklich genug Zeit für schöne gemeinsame Stunden. Manchmal ist es einfach zu schmerzhaft nur eine heimliche Geliebte zu sein. Ich hasse es ... Ich wünsche mir doch nichts sehnsüchtiger, als endlich einen ungebundenen Mann kennenzulernen, der mit mir Zeit auf allen Ebenen verbringen möchte, der mich ausführt, mich verwöhnt, mit mir viele schöne Dinge unternimmt und der natürlich auch ein guter Liebhaber ist - und den ich selbst in jeder Beziehung als Frau verwöhnen kann... Ist Sex nicht noch um vieles erfüllender, wenn auch tiefe Liebe dabei ist?
Ob ich mich nicht mit meinen Affären bloß blockiere, dem richtigen Mann zu begegnen?
Meine Güte, wie sehr ich mich nach dieser Liebe sehne!
Aber was soll es - gerade bin ich wirklich ziemlich geil und wünsche mir endlich wieder deinen harten, prallen Penis in mir zu spüren. Ist gerade Vollmond? Tatsächlich ... in wenigen Tagen - kaum zu ertragen diese ungestillte Lust. Außerdem werden offensichtlich auch unsere Begegnungen von Mal zu Mal tiefer und inniger. Du bereitest mir schon unendliche Erfüllung. Und wie respektvoll du mich und meinen Körper behandelst.'
Vorsichtig schiebe ich meine Hand in meine Hose - ob sie schon wieder ein wenig feucht ist,

meine Kleine da unten? Es ist fürchterlich, wie schnell ich richtig nass werde, wenn ich nur an eine schöne, erfüllende sexuelle Begegnung mit dir zu denken beginne.

‚Wo bist du denn bloß? Fast vier Wochen sind seit unserer letzten Begegnung vergangen, die zweite und dritte Wahl an Liebhabern habe ich inzwischen endgültig verabschiedet, weil doch keiner an deine Qualität herankommt, obwohl ich sie mir aufgrund deines Zeitmangels schon ein bisschen warm halten wollte. Irgendwie habe ich auch Angst vor zu tiefen Gefühlen für dich ...

Der eine hat sich ohnedies nur ein mieses Spiel erlaubt. Man spielt einfach nicht mit Menschen, wenn man es nicht ehrlich meint. Wie schmerzhaft ich diese Machtspiele doch empfinde. Außerdem bin ich ein respektvoller und ehrlicher Mensch, und ... ich war ja selber schuld, mich auf so etwas einzulassen ...

Warum mich mit Geringerem begnügen - obwohl ...?‘

Es ist unglaublich, wie sehr ich zwischen Wut, Ärger, Lust und Einsamkeit hin- und hergerissen bin.

Irgendwie habe ich das Gefühl mich gerade in einer sexuellen Abhängigkeit zu befinden, weshalb ich wirklich erleichtert bin, schon bald für lange Zeit abzureisen und damit weiß, wann es wieder vorbei sein wird. Ich habe bereits nach unserer zweiten Begegnung bewusst mein

Flugticket gebucht und damit unser Verhältnis klar begrenzt - bin ich froh, das geschafft zu haben.

‚Meine Güte, wie geil ich gerade auf deinen Schwanz bin. In Wirklichkeit bist du ja auch ein arroganter Idiot - du glaubst doch wirklich, dass du dir noch ewig Zeit lassen kannst, bis du mich wieder besuchen kommst. Oh nein, ewig warte ich sicher nicht mehr. Noch einmal fast zwei Wochen, bis du es schaffen kannst, dich frei zu machen! Ich werde wahnsinnig in meiner ungesättigten Lust. Und dann hast du es mir auch noch verdorben einen anderen Mann zu wollen, obwohl der etwas narzisstische, braungebrannte Sporttrainer ein wirklich attraktiver Mann war. Aber er war wahrhaft weit entfernt von deiner Qualität als Liebhaber - ob der überhaupt wieder aus Tirol zurück ist? Eigentlich uninteressant - er kann mir ohnedies nicht viel mehr als seinen schönen Körper bieten... Tja, wenn man von den Früchten des Paradiesgartens gekostet hat, will man einfach immer mehr von dem Genuss.
Wie gerne ich jetzt dieses pralle Prachtstück zwischen meinen Lippen hätte, die Eichel sanft lecken würde...‘

Ich gehe in die Küche und muss mir etwas zum Trinken holen, obwohl mir bei diesen Gedanken eigentlich das Wasser im Mund zusammen rinnt ... *Ich würde immer fester und fester*

saugen ... dich mit meinen Fingern verwöhnen ...
Nein abspritzen lasse ich dich nicht - erst dann, wenn du mich so richtig genommen hast ...‘

‚Wenn ich nicht wüsste, dass du genauso geil auf mich bist wie ich auf dich, dann würde ich die ganze Geschichte mit dir tatsächlich beenden - mit einem Mann, der so selten Zeit hat, ist ein Verhältnis schon eine große Herausforderung! Aber ich weiß doch, dass du tatsächlich alles Mögliche tust, um so schnell wie möglich wieder zu kommen. Wenn du nicht ein so grenzgenialer Geliebter wärst und ich nicht spüren würde, wie groß auch deine Sehnsucht nach mir ist, wie sehr auch du mich wirklich begehrst und auf deine Weise auch verehrst - ich würde es wirklich bleiben lassen.‘

Wenigstens ist mir klar, dass du keinerlei Spielchen mit mir spielst und das tut wahrhaft gut!
Du bist ein Mann der Tat und nicht der Worte - von denen sollte es mehrere geben.
Meine Muschi wird immer feuchter, wenn ich daran denke, dass du ihn mir ganz langsam ganz tief hineinschiebst, bis dieser pulsierende schöne harte Lustspender mich vollkommen ausfüllt.

‚Soll ich schnell meine „Sumsi“, diesen kleinen Vibrator, holen und mir einen Kurzporno

ansehen, damit es schnell geht, bis ich einen Orgasmus bekomme? Meine Güte, wie langweilig es ist, mir das selbst zu machen, allzu langweilig ...
Selbstbefriedigung ist nicht wirklich meine Sache.
Ich kann meinen kleinen, vibrierenden Lippenstift für alle Fälle einmal holen - nein, mir gefällt dieser billige Ersatz einfach nicht. Na für alle Fälle ... ‘

Mit meinem Vibrator neben mir lege ich mich nun auf mein Fell im Wohnzimmer. Dann versuche ich mich weiter auf mein Buch zu konzentrieren, das ich begonnen habe zu lesen - ein ganz fantastisches Buch von Gregg Braden *Im Einklang mit der göttlichen Matrix.* Wie schwer mir das allerdings fällt, wenn meine Gedanken ständig zu dir schweifen. *‚Soll ich vielleicht eine Meditation machen, um mich wieder zu beruhigen? Ist vermutlich im Moment auch eher sinnlos.* ‘ Dabei lese ich gerade dieses wirklich lehrreiche Buch über die Matrix und die Erkenntnis, dass tatsächlich alles mit allem verbunden ist ... wenn ich nur die Dislokation beherrschen würde, dann wäre es doch ganz einfach für mich, mich an jeden anderen Ort zu begeben - *‚dann könnte ich jetzt dorthin kommen, wo du gerade bist - vielleicht auf deinem Bürosessel, auf dem ich direkt landen würde und wo ich unverzüglich mit hochgestreiftem Rock meine feuchte begehrende*

Muschi auf deinen harten Schwanz setzen könnte ...‘
Welche Gedanken mir andauernd durch den Kopf gehen!
‚Ob du mich gerade auch in meinem Begehren spürst? Vielleicht ist dein Penis jetzt genauso hart, wie meine Pussy nass ist.‘

Ich will ja eigentlich nicht aufhören, dieses spannende Buch zu lesen, in dem ich gerade erfahre, dass es *fünf essenzielle Spiegel* für uns gibt, um unsere eigenen Muster zu durchschauen.
Gerade bin ich beim *Spiegel der dunklen Nacht unserer Seele* - aber irgendwie lässt mich meine Lust nicht wirklich konzentriert sein.

Plötzlich kommt eine SMS. *‚Ist sie von dir?‘* Aufgeregt nehme ich mein Handy in die Hand - nichts von dir. Es ist eine WhatsApp Nachricht von meiner lieben Tochter Sophie.
Ich schreibe ihr eine kurze Antwort und lese weiter, dass diese dunkle Nacht der Seele in jedem Leben Menschen dazu bringt, wesentliche Veränderungen zu vollziehen.

Das Telefon läutet … mein Festnetz - es hat doch niemand meine neue Festnetznummer, bloß meine Kinder und meine Freundin Atmo im Ausland. *‚Ob sie mich jetzt anruft? Es kann nur sie sein ...‘*
Ich stehe auf und gehe hin: „Hallo Atmo!?“

Auf der anderen Seite kurze Stille.
„Hallo?“ Ich höre nur tiefe Atemzüge in der Leitung.
„Hallo, wer ist denn dort?“
Eine Männerstimme antwortet: „Oh, entschuldigen Sie bitte, ich muss mich verwählt haben, bei wem bin ich gelandet?“ Die Stimme ist unglaublich erotisch.
Ich antworte: „Wen wollten Sie denn sprechen?“

„Eigentlich Susanne, die scheinen Sie nicht zu sein … aber wenn ich schon bei Ihnen gelandet bin ... haben Sie vielleicht Lust sich mit mir zu unterhalten?“
Provokant frage ich ihn: „Wer sind eigentlich Sie und worüber würden Sie denn gerne mit mir reden?“
Er antwortet unverzüglich und herausfordernd: „Über Sie - wollen Sie mir beschreiben, wie Sie aussehen?“
Seinen Namen nennt er mir nicht, dennoch lasse ich mich auf das Spiel ein: „Dunkle lange gelockte Haare, dunkle Augen, schlanker muskulöser Körper, nahtlos gebräunt …“
„Nahtlos gebräunt sind Sie, das heißt, Sie lieben es nackt zu sein?“
„Absolut, wo immer es möglich ist und Sie? Was mögen Sie?“
„Ich liebe es einer geilen Frau zwischen die Schenkel zu blicken!“
„Ist das jetzt nicht etwas zu konkret und

direkt?“ frage ich mit einem heftigen Atemzug.

Er meint: „Würde dir das jetzt nicht gefallen, Süße, wenn ich dir ganz langsam deine Schenkel öffne, meine Hände entlang deiner Beine hinauf streiche, ganz vorsichtig deinen Kitzler berühre, um ihn stufenweise immer fester zu massieren, während du spürst wie deine Muschi anfängt vor Lust zu pulsieren und immer nasser zu werden ...?“
Mir stockt der Atem: *‚Was will dieser fremde Typ - der ist doch sicher ein Verrückter?‘*
Ich atme tief durch und habe noch ein wenig Hemmungen, mich auf das Ganze einzulassen, doch mein Atem wird intensiver und meine Kleine fließt tatsächlich mehr und mehr.
Er spricht unbeirrt weiter: „Dann versenke ich meinen Kopf zwischen deine Schenkel und fange mit meiner Zunge an, diese heiße pulsierende Möse ganz intensiv zu lecken, zuerst ganz sanft um dann mit meiner Zungenspitze deine Klitoris vibrierend zu verwöhnen, während mit einer Hand zwei Finger
nach innen gleiten und tief in diesem pochenden Loch deinen G-Punkt finden ... würde dir das nicht noch besser gefallen?“
Mein Atem wird noch heftiger - ich nehme meinen kleinen Vibrator in meine Hand. Den habe ich mir zuvor doch schon geholt - als ob ich es geahnt hätte. Ich bin nun bereit mich ganz auf dieses lustvolle Spiel einzulassen.

„Ich habe gerade meinen Vibrator aufgedreht und ihn mir an meinen Kitzler gelegt - bitte sprich weiter - was würdest du denn noch alles mit mir machen?“
Die Vorstellung scheint auch ihn zu erregen. Er beginnt plötzlich ebenfalls heftiger zu atmen:
„Zuerst deinen G-Punkt so fest massieren, bis du nicht mehr kannst und abspritzt vor Lust - ich weiß doch, was dir guttut, du geiles Weib!“
Mein Atem wird immer intensiver und lauter - *‚wie soll der fremde Typ wissen, was ich brauche?‘* - außerdem spüre ich wie die Hitze durch meinen Körper strömt, so sehr wünsche ich mir Erlösung: „Würdest du mir dann auch deinen Schwanz ganz tief nach innen stoßen?“
„Ja, diesen dicken und prallen heißen Schwanz würdest du unbedingt in dir wollen - du würdest danach betteln, dass ich dir dieses geile Stück in deine heiße Möse schiebe. Er hat die perfekte Größe für dich.“ *‚Wie soll der denn wissen, was für mich die perfekte Größe ist? Hoffentlich kein Stalker, der mich schon ausgekundschaftet hat!‘* „Wie willst du es denn - von vorne, von hinten? Komm doch, Baby, ich mach´s dir, er ist ganz gierig, dich zu ficken, er ist gerade zum Zerbersten hart!“
Er atmet auch schon sehr heftig und ich merke, wie es immer intensiver wird, meine heiße Muschi mehr und mehr pulsiert. *‚Der ist ja unglaublich ordinär, der Typ!‘* „Darf ich dich dann auch ganz wild und ungestüm reiten? Ich will dich jetzt ficken, bis ich all meine

Orgasmen bekommen habe, die mich erfüllen, und du spritzt mir dann deinen heißen Saft über meinen Bauch und meine Brüste!?“
„Natürlich, du geiles Weib. Komm Baby, mach´s dir, er ist ganz für dich da, solange du ihn willst, fick ihn, er ist ganz hart nur für dich, er gehört ganz dir, mach´s dir, du geiles Luder!“
Ich beginne noch lauter und heftiger zu atmen und auch sein Atem wird ganz ungestüm, bis wir beide mit einem Aufschrei gemeinsam einen Orgasmus aus uns hinaus explodieren lassen …
Sein Atem wird ruhiger, während mich unvermittelt gleich noch zwei weitere Wogen erfassen und mich nochmals kurz aber intensiv aufschreien lassen, bis ich erleichtert meinen Vibrator zur Seite lege und tief durchatme.

‚Was war denn das?‘

Am anderen Ende der Leitung: „ Es tut mir wirklich leid, dass ich Ihre Abendruhe gestört habe, offensichtlich habe ich die falsche Nummer gewählt. Ich wünsche Ihnen noch einen schönen Abend.“
... Aufgelegt, noch ehe ich etwas sagen konnte.
Da ich auf meinem Festnetztelefon nicht einmal eine Nummernanzeige sehe, weiß ich nicht, woher dieser Anruf kam.

Ich lege mich wieder auf mein Lammfell, nehme mein Buch zur Hand, ein wenig verwirrt

- ‚wo war ich stehen geblieben?

Ach ja, bei der dunklen Nacht der Seele …‘

‚Ob Andreas es endlich schafft, bald wieder einmal Zeit für eine lustvolle Begegnung mit mir zu haben?‘
Wie sehr ich mich doch nach unserer nächsten Begegnung verzehre.

Wir haben auch nicht mehr wirklich viel Zeit füreinander, da ich ja schon bald meine große Reise antreten werde…

Flugreise nach Mexiko

Endlich habe ich mich entschieden, in meinem Leben einfach meinem Herzen zu folgen und mein unbedingt notwendiges „Ausjahr“ genommen.
Ich habe beschlossen, sämtliche mir auferlegte Konzepte, Beschränkungen und Vorstellungen davon, was oder wie etwas sein darf, muss, oder kann, fallen zu lassen, um einfach nur mehr das zu leben, was wirklich Spaß macht und mir guttut - in jedem Bereich meines Lebens.
In diesem Jahr möchte ich herausfinden, welcher Weg denn wirklich *mein Weg* ist und wohin er mich führen wird. Ich will mich so ganz meiner Kreativität und meinen Herzenswünschen hingeben.
So habe ich frei, keine Arbeit, die mich belastet, und mache nur mehr das, was mich im Moment erfreut.
Ich lerne Spanisch, überarbeite meinen ersten Roman, sowie meine Lyrik und schreibe nun erotisch lustvolle Geschichten, mit dem Ziel

spätestens nach meiner Rückkehr von meiner geplanten Mexikoreise, die ich in knapp zwei Monaten antreten werde, mein erstes Buch zu verlegen. Noch lieber wäre es mir natürlich, eines meiner Bücher schon davor in die Öffentlichkeit zu bringen, aber das wird sich vermutlich nicht mehr ausgehen, ist doch das Überarbeiten und Korrigieren die meiste Arbeit. Mein Leben ist seit Beginn des Sommers ein purer Genuss, ich kann im Moment tun und lassen, was ich will, bin niemandem Rechenschaft schuldig und habe einen genialen Liebhaber, dem ich nur selten, aber dafür umso intensiver, begegnen kann. Eigentlich bin ich eine monogame Frau - sobald ich mich einem Mann zuwende, der es mir wert erscheint - entweder in meiner Liebe oder in diesem Fall meiner Lust - habe ich keine wirkliche Sehnsucht nach einem anderen. Nur um mich emotional nicht zu sehr zu verstricken, versuche ich mich - zumindest gedanklich - immer wieder mit anderen Möglichkeiten auseinanderzusetzen. Allerdings ist es sehr schwierig, mich mit Geringerem zu begnügen. Er ist einfach fantastisch und ich wünsche mir, mit ihm all meine Fantasien vor meiner Abreise noch auszuleben. Und ebenso all seine Fantasien! Er hat unbeschreiblich intensive Fantasien - allerdings bin ich diejenige, die sie am liebsten alle in die Wirklichkeit umsetzen möchte. Immer wieder bin ich in Versuchung, mich schon jetzt wieder von ihm abzuwenden -

nur um mich nicht doch zu verlieben, in einen Mann, der gebunden ist. Aber wer könnte mit mir sonst noch all das leben? Vielleicht doch mein Exfreund, der auch ein unbeschreiblich einfühlsamer und potenter Liebhaber ist - aber leider ebenso ein Mann, der nicht frei ist?! Er hat nach unserer Trennung vor drei Jahren geheiratet, um dann doch immer wieder Sex mit mir erleben zu wollen. ‚*Nein, nicht mit einem anderen Mann, der auch gebunden ist.*‘ Vor Kurzem ist er wieder sehr intensiv geworden - wollte unbedingt Sex mit mir haben. Ich war tatsächlich so standhaft, ihm zu widerstehen. Er hat sich allerdings dadurch von mir sehr verletzt und abgewiesen gefühlt, was ihn dazu veranlasst hat, *mir alles Gute im Exil auf der „Fraueninsel“ zu wünschen.* Exil will ich dort wirklich keines erleben. Aber wer weiß, wie lange ich dort tatsächlich alleine sein werde? Also gilt es die Zeit in jedem Moment zu genießen …

Und ich habe im Moment einfach diese unbeschreibliche Lust auf erfüllenden Sex in jeglicher Form - wie einfach nur *geiles Vögeln* bis hin zu *höchst rituellem Tantra* - ich beherrsche alles und genieße alles, was meine Grenzen nicht überschreitet. Außerdem bin ich immer offen, noch tiefer in meine lustvoll gelebte Sexualität einzutauchen. Was mir an Andreas so unendlich gefällt, ist, dass er ebenso lustvoll ist wie ich und mindestens genauso ausdauernd, wenn wir zusammen sind - und tatsächlich auch bereit, alles was Lust bereitet, leben zu wollen - momentan allerdings mehr den wilden ungebändigten Sex. Vermutlich ist es am besten, einfach das zu genießen, was wir an Zeit miteinander noch erleben können, anstatt mich immer wieder zu ärgern, dass er zu wenig Zeit für mich hat.

‚Bin nicht ich diejenige, die schon so oft gemeint hatte, dass es viel wichtiger ist, Qualität statt Quantität zu erleben?

Darum geht es doch primär im Leben.‘

Schon bald werde ich auf der *Isla Mujeres* sein, wo ich für vier bis sechs Monate in eine ganz neue Welt eintauchen darf, ohne zu wissen, wohin mich diese Reise führen wird.

Ich habe bloß ein "One-way Ticket"!

Dieses habe ich sehr schnell gebucht, nachdem ich Andreas begegnet bin, um nur ja nicht in Versuchung zu kommen, mich emotional zu sehr an diesen verheirateten Mann zu binden und mich womöglich dadurch von meiner Reise abhalten zu lassen. Auf diese Weise bin ich vollkommen frei und offen für alles, was das Leben mir noch bringen mag, auch wenn ich mir sehr darüber im Klaren bin, was ich mir wirklich zu leben wünsche.

Ich drehe nun die Zeit ausnahmsweise nicht in die Vergangenheit zurück, sondern schon ein Stück voraus in die Zukunft und lasse wieder einmal *meiner Fantasie* freien Lauf.

>>Ich habe mich gut von allem und allen hier verabschiedet und stehe nun am Flughafen in Salzburg, von dem aus die Reise beginnt.
Ein wenig nervös bin ich schon.
So lange war ich noch nie in der Fremde.
‚Was mich dort alles erwarten wird?‘
Eines ist auf jeden Fall wunderbar - dass ich keinen Winter in unserem kalten Land erleben muss - nur Sonne, Strand und Ozean - die Zeit der Stürme und des Regens ist dort dann hoffentlich auch schon vorbei. Wie ich mich freue, keinen Schnee sehen zu müssen - einfach herrlich.
Außerdem weiß ich, dass ich am Flughafen von Cancun von einem Ehepaar abgeholt werde, das ich vor über neun Jahren auf Hawaii kennengelernt habe. Wie schön, von den beiden empfangen zu werden, einem amerikanischen Ehepaar, Susan und Richard, zwei Menschen, die eine wunderbare Liebe leben. Sie sind mir ein großes Vorbild, in der Art und Weise, in der sie ihre Partnerschaft und tiefe Liebe zueinander zelebrieren und ausdrücken - das war das Erste, was ich gesehen und gespürt hatte als ich ihnen das erste Mal begegnet bin.
Ich werde nie vergessen, wie mir Susan damals auf Hawaii gesagt hatte, wie sehr sie mit ihrem Mann, den sie zu dieser Zeit schon sechs Jahre gekannt hatte, den Sex genießen würde, welch wunderbare sexuelle Ekstase sie mit ihm erleben könnte und wie tief sie von ihm verehrt und auf Händen getragen wurde. Sie war zu

dieser Zeit bereits 62 Jahre alt.
Genauso eine tiefe Liebe wünsche ich mir mit meinem zukünftigen Mann erleben zu dürfen.
Die beiden leben diese von mir so sehr ersehnte *„sacred relationship" - einen Lebenstraum, den auch ich ganz sicher verwirklichen werde.*

Im Moment stehe ich am Flughafen und warte - meine Gedanken schweifen in die unmittelbare Vergangenheit, in der es mir einfach gut gegangen ist - *‚ich habe jeden Tag, vor allem meine Freiheit, genossen, mit Andreas guten Sex gehabt und auch sonst viel Schönes erlebt. So unbeschwert habe ich mich nur selten in meinem Leben gefühlt.'*
Irgendwie habe ich das seltsame Gefühl, dass du hier ganz in meiner Nähe bist.
Wie von einem unsichtbaren Faden gezogen, folge ich meiner Intuition, die mich in irgendeinen abgelegenen Bereich des Flughafens führen möchte - eigentlich bin ich noch etwas schlaftrunken, es ist 5 Uhr früh, eine Zeit, die so gar nicht meine ist, um wach sein zu müssen.
In einer Stunde geht mein Flugzeug - *‚was soll ich bis dahin tun?*
Wenn du nur wirklich da wärst. Uns würde schon etwas einfallen, die Zeit lustvoll zu überbrücken.'
Es zieht mich magisch weiter - in meiner Umgebung wird es immer menschenleerer.
Ganz plötzlich sehe ich einen Schatten an mir

vorbei huschen.
Schon wieder dieses Gefühl, dass du das gewesen bist.
‚Träume ich noch oder bin ich schon richtig munter?'
Es steigt vollkommen unerwartet ein Empfinden prickelnder Erotik in mir hoch - so wie es immer war, wenn ich deine Energie in irgendeiner Weise wahrgenommen habe …

Aus dem Nichts packt mich von der Seite jemand am Oberarm - ich will aufschreien, doch wird mir in diesem Moment sofort mein Mund zugehalten. Angst steigt in mir auf - aber schon im nächsten Moment spüre ich einen sanften Kuss an meinem Nacken sowie einen zarten Biss, der mich unglaublich in Erregung versetzt. In jenem Augenblick, in dem ich mich umdrehen will, werden mir meine Augen fest verbunden. Danach werde ich von zwei kräftigen Männerhänden durch eine Tür geschoben.
Es riecht hier nach dir – nein, das ist sicher nur Einbildung.
Ganz vorsichtig schieben mich diese kraftvollen Hände mit sanftem Druck gegen die Wand, um mir dann meinen Rock hochzuschieben. Ich habe, wie meistens unter Röcken, keinen Slip an und spüre, wie meine Süße immer mehr zu pulsieren beginnt. Schon werde ich unglaublich begehrend geküsst, während wendige Finger sich den Weg über meine Schenkel zu meiner

schon nassen und bereiten Blüte bahnen, um meinen Kitzler kurz zu streifen und dann in mich einzudringen. Mein ganzer Unterleib beginnt vor Lust zu beben. *‚Wer bist du bloß?‘* Ich will meine Augenbinde abnehmen, werde jedoch sofort daran gehindert. Die zweite kraftvolle Hand fährt mir in mein Top, um meine Brüste frei zu legen. Schon spüre ich das sanfte Umkreisen meiner Brustwarze von einer unglaublich sensiblen und gleichzeitig so verspielten Zunge, dass ich diese nur allzu gerne auf meinen Schamlippen und in meiner Lusthöhle spüren möchte. Ich stöhne immer lauter und will mehr, während die zwei oder mehr Finger in meinem Inneren nun genau an der richtigen Stelle Druck ausüben, sodass ich in unglaublicher Schnelligkeit nur mehr unter einem verhaltenen Aufschrei der Lust hin zu meinem Höhepunkt geleitet werde und in dem Erzittern und Winden meines Körpers wahrnehme, wie ein Schwall meines Saftes sich über diese Finger *eines Unbekannten* ergießt.
Ich habe jegliches Zeitgefühl verloren. *‚Meine Güte, wie spät es wohl schon ist?‘* Ich darf doch nicht meinen Abflug versäumen und gleichzeitig will ich nur noch mehr.
Es ist ein unglaublich prickelndes Gefühl, bloß zu *spüren - um mich tiefe Dunkelheit.*
Ich will nach vorne greifen, um diesen unbekannten Körper zu ertasten, doch wieder werde ich sofort daran gehindert und nehme nur noch wahr, wie mir der fließende Saft von

meiner pulsierenden Muschi geleckt wird, sodass ich sofort eine weitere Welle der Erregung durch meinen Körper strömen lasse.
Kurz darauf leckt mir dieselbe Zunge sanft über meine Lippen, um mich heftig und innig zu küssen, bevor ich ebenso wie ich in den Raum hineingeschoben wurde, nun wieder hinausgedrängt werde und eine tiefe Männerstimme mir von hinten in mein Ohr haucht: „Wir sehen uns ganz bald wieder, du geiles Weib."
Von wegen sehen!
Ungeduldig versuche ich mir die gut gebundene Augenbinde herunterzureißen. Sie fällt zu Boden und ich blicke nervös um mich - da ist niemand.
‚Wie konnte er so schnell verschwinden?
War das jetzt ein eigenartiger Tagtraum - ich scheine mich ja wirklich noch im Halbschlaf zu befinden.'
Nein, am Boden liegt wirklich dieses Seidentuch - es muss meine Augenbinde gewesen sein, die ich in meiner Aufregung fallen gelassen habe, und zwischen meinen Schenkeln fühlt es sich tatsächlich ziemlich feucht an.

Plötzlich der Aufruf für meinen Flug nach Frankfurt.
Ich sehe eine Uhr - es ist 5:40 Uhr - ich muss zum Gate.
Schnell hebe ich das rote Tuch - genau in

meiner Lieblingsfarbe - auf und setze mich in Bewegung. Es soll mir als Andenken an dieses außergewöhnliche Ereignis dienen.
‚Oh mein Gott, bin ich verwirrt. Wo muss ich bloß hin?‘

Kurze Zeit nach diesem für mich unbegreiflichen Geschehen bin ich schon auf der Treppe in das Flugzeug - immer noch spüre ich die Feuchtigkeit zwischen meinen Schenkeln. Ich muss meine Süße noch unbedingt frisch machen und trocknen, bevor ich mich hinsetze.
‚Ob ich mir vielleicht lieber doch einen Slip anziehen soll?‘
Im Flugzeug werde ich freundlich begrüßt und zu meinem Sitzplatz gewiesen.
Nein, das geht jetzt noch nicht, ich muss zuvor noch kurz auf die Toilette - dafür hatte ich am Flughafen in meiner Eile einfach keine Zeit mehr gehabt.
Ich gehe nach vorne und trete hinter den Vorhang, um die Toilette aufzusuchen.
In diesem Moment kommt eine Stewardess auf mich zu und bittet mich ihr ins Cockpit zu folgen - der Pilot hätte sie gebeten, mich hinein zu führen. Ich verstehe das nicht – *‚wieso sollte ich ins Cockpit kommen? Sehr seltsam, ich muss doch auf die Toilette! Na kurz kann ich ja mit ihr ins Cockpit gehen - wir werden dann ohnedies bald starten ...‘*
Ich folge ihr und werde von ihr aufgefordert,

mich auf den „Reservesessel“ zu setzen, der sich hinter den beiden Piloten befindet. *‚Was soll denn das? Rieche ich nicht schon wieder deinen Geruch?‘*

Beide Männer sitzen vor mir in der Kabine und keiner findet es wert, sich umzudrehen, um mich zu begrüßen.

‚Was tue ich hier bloß?‘ Eigentlich wollte ich mich kurz erfrischen und mir für den Flug doch noch ein Höschen anziehen.

So sitze ich da - mit immer noch feuchter Muschi - und höre schon das Starten der Motoren und das langsame Anrollen am Rollfeld - ich erlebe einen perfekten Start in den Morgenhimmel und die Durchsage der Stewardess, gefolgt von der des Piloten. Ich zucke zusammen – *‚das war seine Stimme! Oh mein Gott!‘*

Ich lausche der Stimme des Mannes, der mir noch kurz vor meinem Abflug ins Ohr gehaucht hat.

Wir fliegen über den Wolken und der Co-Pilot dreht sich zu mir um, um mich mit einem breiten Grinsen anzuschauen.

Ein Aufschrei von meiner Seite: „Was machst du denn hier!?“

Du antwortest: „Glaubst du ich lasse dich so sang- und klanglos abfliegen, ohne dich noch einmal richtig durchzuvögeln, damit es dir für die nächsten Monate reicht!?“

‚Wie konnte ich wissen, dass du einen

Flugschein hast?‘

Langsam stehst du auf, instinktiv spreize ich meine Beine, du kommst auf mich zu, während du dir deine Hose öffnest - unglaublich gut schaust du in der Uniform aus - ich sehe schon deine große Beule unter deiner Hose, die du nun abstreifst. Du kniest dich zwischen meine Beine und beginnst mich so unfassbar köstlich zu lecken, dass ich vor Lust nur mehr aufschreien kann, war ich doch bereits unbeschreiblich erregt in dieses Flugzeug gestiegen - nach meinem aufregenden Vorspiel am Flughafen. Du merkst es, richtest dich auf und schiebst mir unverzüglich deinen wunderbaren prallen Schwanz ganz langsam in meine inzwischen triefend nasse Muschi, sodass ich in Sekundenschnelle meinen ersten Orgasmus bekomme, der meinen gesamten Unterleib zum Erbeben bringt, so sehr, dass ich dieses ungezügelte Zittern gar nicht mehr unter Kontrolle bekommen kann und eine Welle nach der anderen über mich rollt, während du immer härter in deinen Stößen wirst und ich nur mehr von dir genommen werden will - grenzenlos. „Komm noch einmal, du geiles Luder, du Superweib, du geile Schlampe, ich mach´s dir, ich weiß doch, was dir guttut, soll ich dir meinen Schwanz noch tiefer hineinstoßen?!“ Du kannst manchmal schon ziemlich ordinär sein. Daran musste ich mich erst gewöhnen - ich, *deine kleine Akademikerschlampe*, wie du mich auch einmal

bezeichnet hast. Und ich genieße es tatsächlich.
Als ich mich ein wenig beruhige, ziehst du mich hoch, mein T-Shirt über meinen Kopf, um zuerst ganz zärtlich, doch dann auch wild und innig an meinen Brüsten zu saugen und sie zu kneten, sie danach erneut wieder mit den Fingerspitzen sanft zu umspielen und auf die Brustwarzen zu hauchen, sodass ich mich weiteren, aber viel sanfteren, dennoch intensiven Wellen der Lust, die in alle Teile meines Körpers fließen, hingeben kann.
Du hast meinen Körper in der kurzen Zeit tatsächlich gut kennengelernt - es gibt keinen Zentimeter, den du nicht erfasst und mit Lust erfüllt hast.
Wie wichtig es dir ist, mich ganzheitlich zu befriedigen, obwohl du erst durch mich erfahren hast, wie sensibel und erregbar Frauenbrüste sein können, wenn sie richtig und bewusst liebkost werden.
Ich bebe als Ganzes und weiß überhaupt nicht mehr, was eigentlich geschieht im Taumel meiner grenzenlosen Ekstase.
Dann drehst du mich um, bist mit einem harten Stoß erneut tief in mir und fickst mich wild und ungezügelt, bis wir gemeinsam in der wildesten Ekstase einem Höhepunkt zustreben und ich mit einem lauten Aufschrei komme, während du dich tief in mir ergießt und in mir eine Welle nach der anderen meinen Körper pulsieren lässt, bis sie immer sanfter werden, verebben und ich langsam zur Ruhe komme. *‚Oh mein Gott, das*

müssen ja alle da hinten im Flugzeug gehört haben.‘
Wieder drehst du mich um, küsst mich und kniest erneut vor mir nieder, um zu sehen, wie dein Saft meine Schenkel hinunter rinnt. *‚Warum du das so genießt?‘*
Ich fühle mich satt aber noch nicht gesättigt - du musst ans Steuer - ziehst deine Uniform wieder an und setzt dich auf deinen Sitz.
‚Wie schade, dass wir gerade meine Lieblingsposition nicht mehr erleben konnten ...‘

Von vorne sagst du dann ganz beiläufig: „Ich will, dass du jetzt ihn fickst?“
„Wen?“, frage ich verwirrt.
Doch in diesem Moment steht der Pilot auf, kommt auf mich zu und flüstert in mein Ohr: „Ich hab dir ja gesagt, wir werden uns bald wieder sehen.“ Es ist tatsächlich diese tiefe erotische Männerstimme von vorhin, die zu diesem Mann gehört.
„Haben Sie vorhin in der Halle nicht etwas vergessen?“, frage ich ganz frech und lüfte das rote Tuch. Er lächelt bloß und fordert mich ziemlich emotionslos auf aufzustehen, setzt sich selbst auf den Stuhl, öffnet seine Hose, zieht sie hinunter und legt den Stuhl nach hinten in eine Liegeposition. „Behalte ihn dir als Andenken, du Superweib - er soll dich an mich erinnern. Mein Kollege hat mir schon gesagt, wie du es gerne hast, du geiles Luder, komm und reite

ihn!“ Ein unbeschreiblicher Penis reckt sich mir entgegen - *‚der könnte mir doch fast eine Nummer zu groß sein!‘*
Ich zögere und höre kurz darauf dich sagen: „Mach´s ihm doch, ich will dich schreien hören, du geile Schlampe, mach´s endlich - wolltest du nicht immer schon einen anderen geilen Schwanz in meiner Gegenwart reiten?!“
‚ICH? Das war doch eigentlich immer deine Fantasie!‘
Nun gut - ich hebe erneut meinen Rock und setze mich auf den steif in die Höhe ragenden großen Schwanz – *‚puh, wirklich fast ein wenig zu groß, wie mir scheint.‘*
Er ist ein echt gut aussehender Mann, außerdem erinnere ich mich noch an seine Küsse und Bisse in meinem Nacken. Voller Wonne beginne ich mein Becken zuerst langsam und vorsichtig - ich muss mich erst auf diese außergewöhnliche Größe einstellen -, dann immer schneller zu bewegen. Er will seine Beine anziehen - *das möchte ich nicht* - ich drücke sie nach unten, damit ich nun wild und ungehemmt meinen Ritt fortsetzen kann, wunderbar fühlt er sich an - ich bin vollkommen ausgefüllt in meinem Inneren und genieße seine männliche Kraft. Schneller, immer schneller werde ich, und ... schon spüre ich wie die Hitze in meinem Inneren nach oben wallt, bis ich diesen erlösenden wirklich vulkanartigen Höhepunkt voller Erleichterung unter Tränen, Lachen und lauten Schreien aus

mir herauslasse, um mir dann unverzüglich noch einige weitere zu holen, solange bis ich erleichtert und erschöpft zusammensacke. Ein heißer Schwall meines Saftes rinnt über seinen Schwanz nach außen. Ich habe wieder einmal ejakuliert.

„Gut so, meine Süße, es scheint dir gefallen zu haben auf meinem lieben Kollegen.“, meinst du ganz lapidar von deinem Sitz. *‚Du hast vollkommen recht mein Lieber‘*, denke ich mir ohne ein Wort zu sagen.

Ich steige bloß von deinem Kollegen hinunter, knie mich vor ihm hin und beginne ihn zuerst ganz einfühlsam, dann immer intensiver und härter mit meinen sensiblen Händen und langen Fingern zu massieren und zu kneten, bis er mir seinen Saft mit einem kurzen aber lauten Aufschrei der Lust auf meinen inzwischen nackten Bauch und meine Brüste spritzt.

Im selben Augenblick kommt die Stewardess erneut ins Cockpit, um zu erinnern, dass nun die Ansage für den Landeanflug gemacht werden muss. *‚Ist mir das jetzt peinlich? Ich mit zwei Männern hier herinnen, vollkommen aufgelöst, und dann die Dame in Uniform?!‘*

Sie tut so als wäre gar nichts geschehen, und verlässt mit einem freundlichen Lächeln wieder das Cockpit, während du die Ansage übernimmst, da der Pilot doch noch kurz zu sich kommen muss.

Welch ein kurzweiliger Flug nach Frankfurt das doch war.

Nach der Landung verabschiedest du dich innig und mit köstlichen Küssen von mir, um mir eine gute Weiterreise zu wünschen. Mit deinem typischen hämischen Grinsen gehst du ganz schnell in den Personaltrakt, während ich zum internationalen Teil des Flughafens muss.
Ich habe nicht allzu lange Aufenthalt und muss jetzt meinen Anschlussflug nach Cancun finden.
‚Du bist echt ein Arsch, wie konntest du mich so plötzlich und kurz abfertigen und ziehen lassen? Dieser Abschied war mir doch irgendwie zu schnell und unerwartet.
Ein wenig schmerzt es schon, dich möglicherweise nie mehr wieder zu sehen, geschweige denn noch jemals wieder zu spüren.‘

Nach all dem Geschehenen streune ich ein wenig verwirrt durch das Frankfurter Flughafengelände.
Zuerst muss ich mich frisch machen gehen, bin ich doch immer noch ein wenig zerzaust und außerdem ziemlich feucht von dem, was da gewesen ist. Ich verschwinde auf einer Behinderten-Toilette, die mir genügend Raum bietet, mich zu waschen, zu frisieren und meine verwischte Wimperntusche zu entfernen, um danach ein bisschen zu entspannen.
Schon bald ist der Aufruf für meinen Flug. Ich

gehe noch etwas knieweich zum Gate, steige wie in Trance in den Bus, schaue auf mein Ticket - Reihe 9E - steige die Treppen zum Flugzeug hoch, werde von den Flugbegleitern höflich begrüßt und will zu meinem Platz gehen. Da hält mich erneut eine Stewardess auf und erklärt mir, dass ich für diesen Langstreckenflug *upgegradet* wurde und ihr bitte in die *First Class* folgen soll.
'Ich erste Klasse? Das muss ein absoluter Irrtum sein! Unmöglich!'

Verunsichert folge ich ihr und setze ich mich auf den mir zugewiesenen Platz. Dann blicke ich um mich - Luxus pur - bettenähnliche breite Sitze, über jedem ein riesiger Bildschirm, Teppichboden ... und kein Mensch weit und breit. Eigentlich ein herrliches Ambiente für fast 12 Stunden Flugzeit - so viel Platz hatte ich noch nie bei einem Flug.
So sitze ich hier und denke schmunzelnd darüber nach, was heute schon alles geschehen ist - unglaublich erotisch hat meine Reise begonnen! Mit geschlossenen Augen träume ich vor mich hin, als mich eine - wie mir scheint - vertraute Männerstimme hochschrecken lässt, die fragt: „Entschuldigen Sie, ist dieser Platz noch frei?"
Erstaunt blicke ich auf und sehe tatsächlich dich hier stehen - wieder mit einem breiten Grinsen im Gesicht.
Ich kann vor Erstarrung nichts mehr sagen - du

setzt dich zu mir und meinst: „Lust auf mehr? Wir haben jetzt mehr als 11 Stunden und dann noch eine Woche Zeit?!"
Ich kann es nicht fassen.

‚Soll tatsächlich mein Aufenthalt auf meiner mexikanischen Insel, der Isla Mujeres, mit dir beginnen?'

Schon spüre ich deine Hand entlang meiner Schenkel nach oben streifen … deine Finger sich ganz ruhig auf meine Muschi legen.
„Hast du Lust auf einen weiteren Ritt, meine Süße?"

Welch eine lustvolle Reise ... sie beginnt schon einzigartig - wo auch immer sie mich hinführen mag...

Und irgendwann bekam ich in der langen Zeit des Wartens auf eine weitere erfüllende Begegnung mit dir auch wieder eine Geschichte, die du für mich geschrieben hast - wenigstens eine erotische Geschichte, wenn du schon selbst nicht bei mir erscheinst...

… Du hast dich tatsächlich an meine Fantasie erinnert, dich in einem traditionellen *Wiener Kaffeehaus* treffen zu wollen. Wenn es schon nicht in der Realität erlebbar sein kann, wolltest du mir zumindest die lange Zeit zwischen unseren Begegnungen ein wenig mit deiner Fantasie versüßen …

Alt-Wiener Kaffeehaus

Wir sitzen in einem Kaffeehaus in Wien auf unterschiedlichen Tischen - zwei Unbekannte, die sich nie zuvor gesehen haben.
Es ist Mittag, ein lauer Herbsttag, du trägst einen Rock, einen eng anliegenden sexy Pullover und hohe Stiefel.
Wir sind getrennt durch einen Tisch, sitzen uns aber gegenüber.
Ich habe mich bewusst auf einer Bank gegenüber von dir niedergelassen und trage einen Businessanzug, neben mir eine bildhübsche junge Frau in einem kurzen Business-Zweiteiler, eigentlich zu kurz für diese Jahreszeit, aber sehr sexy.

Du hast dir offensichtlich gerade einen schönen Tag in Wien gemacht und scheinst tief zufrieden zu sein - außerdem freust du dich auf die Melange, die du dir soeben bestellt hast.

Während du wartest, lässt du lächelnd deine

Blicke schweifen und erblickst mich plötzlich. Dein Blick bleibt an mir hängen - irgendetwas scheint für dich interessant an diesem Typen zu sein - *‚macht einen etwas arroganten Eindruck, aber irgendwie ...‘*, scheinst du dir gerade zu denken.
Dein Blick geht weiter und bleibt gedankenvoll auf der Frau haften: *‚Hm, sehr hübsch, aber sicher so eine, die gerade mit ihrem Chef auf einen Kaffee geht und auch mit ihm vögelt.*
Ist doch sicher ein Arsch, der Typ.‘
Du beschließt, dich nicht mehr darum zu kümmern, widmest dich deinem Kaffee, der dir von einem Ober in Livree serviert wird, und versuchst, nicht mehr herüberzuschauen.
‚Aber irgendwas hat er doch‘ - du schaust wieder unauffällig zu mir - *‚warum schaut er eigentlich nicht zu mir, sondern immer nur diese Tussi an?!‘*
Du merkst gar nicht, dass ich dich schon die ganze Zeit aus meinen Augenwinkeln beobachte. Obwohl wir beide - meine Assistentin und ich - ein sehr professionelles, distanziertes Gespräch miteinander zu führen scheinen, siehst du wie meine Hand unauffällig unter dem Tisch auf ihren Oberschenkel gleitet.
Unbeeindruckt führen wir das Gespräch weiter - doch sie öffnet langsam die Beine, während meine Hand dezent dazwischen gleitet. Du beobachtest das Geschehen: *‚Kann es sein, dass sie kein Höschen an hat? - Tatsächlich ...‘*

Du erwischst dich bei dem Gedanken - *‚warum sitzt er nicht neben mir und erkundet meine Muschi mit seinen Fingern?‘* Das Gesehene findest du eher abstoßend - fremde, feuchte Muschis gefallen dir nicht wirklich, aber der Gedanke - *‚was wäre, wenn es meine wäre?‘* - erregt dich extrem. Du bemerkst wie es zwischen deinen Beinen zu pulsieren beginnt, sich deine Knospe langsam öffnet und feucht wird.
‚Dieser Typ gegenüber hat inzwischen einen Finger ziemlich tief in der jungen Brünetten, aber sie lässt sich nichts anmerken. So ein Idiot!‘
Die anderen Gäste bekommen scheinbar gar nichts mit.

Irgendwann beschließt du, dir das nicht mehr länger anzusehen, und gehst Richtung WC - ein schmaler langer Gang, der neben der Kasse mit vier Türen weiterführt, zwei Mal die Aufschrift *Privat,* die letzten beiden scheinen die Toiletten zu sein. Du gehst auf die Damentoilette, hebst den Rock - na toll, die Pussy total feucht und der Rock auch schon etwas, weil auch du natürlich, wie immer im Sommer, keinen Slip trägst. *‚Super, so ein Scheiß-Typ, muss er so gut aussehen und der Kleinen auch noch unter den Rock fahren?‘* Leider befindest du dich in keiner Umgebung, in der du dich wohlfühlst, sonst würdest du jetzt ein Bein hochstellen, dir einen Finger ganz tief in die Muschi stecken und mit einem anderen so lange deine Klitoris massieren bis einer dieser wunderbaren Orgasmen deinen Körper durchzuckt. Stattdessen gehst du etwas sauer mit leicht gespreizten Beinen in die Knie und wischt sie mit einem Streifen Toilettenpapier trocken - was für eine Verschwendung. Danach lässt du deinen Rock fallen und gehst zurück.

Gerade als du aus der Toilette auf den Gang trittst, kommt dir dieser *gut aussehende arrogante Arsch* entgegen. Dein Herz schlägt schneller, deine Pussy ist augenblicklich wieder feucht.

Wir gehen aufeinander zu, es kommt zu einem kurzen Augenkontakt - *wow* - ungefähr auf gleicher Höhe erstarrst du -‚*er riecht sogar richtig gut …*‘

Dann ein Geschehen wie im Film!

Als wir auf gleicher Höhe sind…
spürst du, wie ich dich lautlos, bestimmt aber sanft, am Unterarm packe. Gleichzeitig öffne ich eine Tür mit der Aufschrift *Privat* und ziehe dich mit hinein. Du bist im *Flow*, es fühlt sich stimmig und richtig an. Die Tür wird wieder geschlossen, der Raum ist ziemlich dunkel.
Ich stehe knapp vor dir, dränge dich etwas zurück.

Du spürst eine Kante an deinem Hintern - fühlt sich wie eine Anrichte an.
Unsere Münder treffen sich zu einem heißen verlangenden Kuss. Unbewusst greifst du währenddessen nach unten, öffnest mir die Hose und langst in meine Unterhose. Du kannst nichts sehen, aber das was du da in deinen Händen spürst, fühlt sich perfekt für dich an. All das passiert in wenigen Augenblicken. Zur selben Zeit hebe ich deinen Rock und setze dich auf die Anrichte, du schlingst deine Beine um mich und zwingst mich schnell und hart in dich einzudringen.
Im Hintergrund summt ein Kühlschrank.
Ich ficke dich hart, während ich dich weiter küsse und dir den Rücken stütze, meine Hände fest an deinem Arsch, damit du nicht meinen Stößen ausweichen kannst. Schon steuerst du einem dich durch alle Zellen erbeben lassenden Höhepunkt zu und entäußerst dich mit einem lauten Aufschrei, bei dem ich dir unverzüglich meine Hand auf deinen Mund lege. Du musst doch leise sein in dieser Umgebung. Es dauert nicht allzu lange, bis du meinen kommenden Orgasmus spürst. Ich möchte ihn rechtzeitig heraus ziehen, um nicht in dir zu ejakulieren. Doch im selben Moment lässt du dich selbst von der Anrichte gleiten und kniest dich vor mich hin, um noch rechtzeitig deine Lippen um meinen Schwanz zu schließen, und die volle Ladung in dir aufzunehmen. Eigentlich magst du das gar nicht, wenn du jemanden nicht

kennst - aber du musstest es einfach tun - und es war herrlich.
Im Aufstehen ziehst du mir triumphierend die Hose hinauf, und fragst mich die eine Frage, die dir schon die ganze Zeit durch den Kopf geht:
„Warum hast du mich und nicht die kleine brünette Schlampe von vorhin gefickt?"
„Weil die da hinten im Dunklen sitzt.", erklärst du mir mit einem frechen Grinsen im Gesicht.
Also war es doch kein Kühlschrank, den du im Hintergrund summen gehört hast …

Deine Geschichten sind immer wieder sehr er- und anregend für mich … das Ende dieser hätte ich mir allerdings schon ganz anders gewünscht - typisch Mann …
Dennoch halfen mir all deine E-Mails und Geschichten leichter über die Zeit der endlos erscheinenden Warterei hinweg zu kommen.
Nun sind tatsächlich schon beinahe fünf Wochen seit unserer zweiten und letzten Begegnung vergangen…

Doch kurz danach war es endlich wieder einmal soweit …

Andreas ist tatsächlich vor meiner Türe gestanden.
Wir erlebten weitere sechs lusterfüllte Stunden miteinander - nach dieser unendlich langen Pause.
Es war eine wirklich viel zu lange Zeit

dazwischen …
Immer nur in Fantasien zu leben ist einfach viel zu anstrengend.
Ich bevorzuge es deinen wunderbaren Körper zu spüren und zu genießen, dich zu berühren, zu erleben, zu umschlingen, ganz aufzunehmen … um zu zerfließen, gemeinsam mit dir in der Verzückung meiner Ekstase.
Dafür war es dann umso lustvoller, als wir uns endlich wieder gegenseitig diese Erfüllung schenken konnten. Eine berauschende Reise in die vollkommene Entrückung … einfach herrlich.

Dieser Mann bereitet mir wahrlich bei jeder Begegnung einen *Rausch der Lust*.

Danach ging es Schlag auf Schlag…

Schon zwei Tage darauf konnten wir uns wiedersehen und für kurze Momente spüren …
Dennoch erlebte ich nach diesem weiteren Zusammentreffen erstmals auch ein Gefühl der Verlassenheit, weil dieses in einem Hotel stattgefunden hatte und mein Geliebter nach bloß zwei Stunden wieder fahren musste. Er fuhr weiter zu seiner Familie nach Hause, während ich alleine in einer nicht wirklich schönen Umgebung zurückgelassen wurde.
Ich fühlte erstmals tiefen emotionalen Schmerz, nachdem er gegangen war.

Für Begegnungen dieser Art bin ich scheinbar viel zu sensibel.

Dafür begann der Tag danach umso aufregender - endlich konnte ich ihn auch dort vögeln, wo wir uns vor knapp vier Monaten erstmals begegnet sind - in der Kuranstalt.

Lust im Therapiezentrum

Ich hatte einen Wochenendausflug an den Bodensee geplant.

Einerseits gibt es dort im Kurzentrum an diesem Wochenende eine Jubiläumsfeier und andererseits kann ich dir auf diese Weise doch auch einmal entgegenkommen, um dich zu sehen und zu erleben, und um nicht wieder eine allzu lange Zeit zwischen unseren Begegnungen vergehen zu lassen.
Außerdem habe ich etwas ganz Besonderes für diese Begegnung geplant - ich habe vor, mit dir eine gemeinsame Fantasie in der Realität zu leben.

Ich kann einfach nicht genug von dir bekommen, von dir, diesem außergewöhnlichen Liebhaber, der du bist - jeder einzelne Moment unserer Begegnungen ist für mich atemberaubend.

Auf meiner gestrigen Fahrt dachte ich verzückt

an unser Erlebnis zwei Tage zuvor - die Reise erschien mir dadurch wie im Flug vergangen zu sein - bei all den schönen Gedanken und meiner umfassenden körperlichen Erfülltheit.

Ich nahm ein Hotelzimmer in der Nähe von Konstanz, damit es für dich keine Gefahr gab, gesehen zu werden. Meine Güte, war ich aufgeregt, dir schon so schnell wieder begegnen zu können.

‚Du erweckst in mir eine erschreckende Unersättlichkeit - immer und immer wieder möchte ich deinen prallen, herrlichen Penis in mir spüren.

Wie wird es wohl sein dich nun in einer ganz anderen Umgebung zu erleben?

Ich werde dich dort im Hotel in meinem neuen roten Cat-Suit - in dem hast du mich noch nie gesehen - und High Heels empfangen, ein paar mitgenommene Kerzen anzünden, das Zimmer räuchern und ... diesen ersten Blick genießen, wenn du durch die Türe kommst ...‘

Mit diesen sehnsuchtsvollen Gedanken war meine Anreise erfüllt und wie so oft in unserem Leben war die Realität vollkommen anders, als ich es mir gewünscht und vorgestellt hatte.

Du hattest nur knapp zwei Stunden Zeit für mich und mich danach dort in diesem Mittelklasse-Hotel zurückgelassen.

Ich hatte es zuvor gewusst. Mir war klar, dass du nicht die Nacht mit mir verbringen würdest, auch wenn ich mir das so sehr gewünscht hatte.

Es war das erste Mal ein Gefühl der Verletzung in mir, das Erkennen dessen, dass du mich nur als Zwischenstopp auf deinem Heimweg besuchen konntest. Die Einsamkeit und Kälte, die mich bei deiner Abfahrt erfassten, waren mir in diesem Moment viel bewusster - *ich bin einfach nur deine heimliche Geliebte.*
In meinem eigenen Zuhause hatte es sich immer ganz anders für mich angefühlt - da blieb ich wenigstens in einer schönen und vertrauten Umgebung zurück, genoss all meine angenehmen Gefühle und bekam von dir auf deiner Fahrt noch kleine nette Botschaften per SMS.

‚Die diskrete Geliebte zu sein, kann manches Mal eine schmerzhafte Erfahrung bedeuten - ich lebe diese Rolle wirklich schon zu lange in meinem Leben. Es wird endlich Zeit, aus dieser Position auszusteigen.‘
Meine Tränen fließen, nachdem du gefahren bist, und mein Körper zieht sich zusammen.
Ich fühle mich das erste Mal nicht wirklich erfüllt. Fast habe ich das Gefühl eine Entzündung zu bekommen - wie oft schon hatte mein Körper auf diese Weise reagiert, wenn eine sexuelle Begegnung nicht stimmig erschien. Traurig liege ich im Hotelbett …

‚Ja, es war meine Entscheidung mich darauf einzulassen - es ist besser, ich mache das Beste daraus anstatt zu leiden. Ich habe dir meinen

Schmerz ohnedies nicht gezeigt - ich bin doch eine starke Frau - ein Vamp, der weiß, was er will.
Scheiße! Nein - ich bin im Moment einfach nur schwach, einsam und verletzt - keine Rede von Vamp! Meine Güte, ich hasse dieses leere, kalte Hotelzimmer, in dem ich mich gerade schlaflos herum wälze. Ich wünsche mir jetzt nichts mehr als in deinen Armen zu liegen, neben dir einzuschlafen und morgen mit dir gemeinsam aufzuwachen. Stattdessen liege ich hier alleine in einem stillosen Hotelzimmer und starre heulend gegen die Decke...'

Irgendwann bin ich dann scheinbar doch eingeschlafen - wie immer *ALLEINE...*

Der nächste Tag ist nun ein neuer Tag und ich habe beschlossen, einen lustvollen Tag daraus zu machen - dafür bin ich ja hier her gekommen. Ich gehe zum Frühstück, flirte mit dem Hotelmanager und ziehe mich unglaublich sexy an.
Ich habe dir doch gesagt, dass du heute wieder einmal eine *Überraschung* erleben wirst.

Nach dem Frühstück fahre ich ins Kurzentrum.

So sitze ich nun hier vor der Tür des Gymnastikraumes und weiß, dass du in diesem Raum deine Trainingseinheit hältst - Wirbelsäulengymnastik - die ich auch vor

einigen Monaten mit dir genießen durfte.
Du bist ein wirklich guter Trainer - professionell und kompetent.
Schon damals wollte ich allerdings mehr als bloß Gymnastik mit dir machen.

Ich bin ganz heiß auf dich.
‚Woran du wohl gerade denkst, während du die Patienten unterweist?'
Sie scheinen richtig begeistert zu sein von deiner Art den Unterricht zu gestalten - ich lausche ein wenig an der Türe - ich sag es doch, dass du ein wirklich guter Trainer bist, aufmerksam und korrekt in dem, wie du vorgehst.

Damals, vor einigen Monaten, als du mir die Hüften korrigiert hast, wurde mir unverzüglich heiß. Wie gerne hätte ich doch deine Hände ausgiebiger an mir gespürt, etwas tiefer, etwas intensiver. Aber schon so waren deine Berührungen sehr prickelnd - *ich die Patientin, du der Sporttrainer.*

Du weißt nicht, dass ich jetzt vor der Türe sitze und warte - im schwarzen Minikleid mit durchgehendem Reißverschluss an der Vorderseite, halterlosen Spitzenstrümpfen, schwarzen High Heels und ohne Slip …

Du musst ganz souverän bleiben, wenn du aus dem Turnsaal kommst - fünf Minuten nach

dieser Stunde beginnt deine nächste Einheit im Fitnessraum.
Ich stehe auf, werde schon etwas ungeduldig, gehe auf und ab, meine Muschi wird immer feuchter.
Ich weiß, dass dein Penis sofort hart sein wird, wenn du mich unerwartet vor der Türe stehen siehst. Ich werde zum Drehstuhl gehen, den ich vor das Physiotherapiezimmer gestellt habe, mich darauf setzen, die Beine langsam öffnen und dir meine feuchte, pulsierende Muschi offenbaren, um dir dann in den Raum zu folgen. Das wolltest du doch schon damals, als ich noch Patientin war - du wolltest mich doch schon zu dieser Zeit in diesem Therapiezimmer so richtig kraftvoll ficken.
‚Was wirst du wohl machen, wenn du doch gleich zur nächsten Einheit musst?‘

Die Türe geht auf, die Kursteilnehmer kommen heraus - ich höre deine Stimme. Wie immer redest du zu lange ... *‚Komm doch endlich, um mich zu nehmen! Ich werde schon ziemlich ungeduldig.‘*
Die Türe geht immer wieder auf und zu.
Ich stelle mich nun unmittelbar davor - mit dem Rücken zur Türe, Beine leicht geöffnet.
Du kommst aus dem Gymnastikraum…
So siehst du mich dort stehen.
Ich drehe meinen Kopf langsam nach hinten - wir sehen uns an.
Eine Frau spricht mit dir, ich gehe zum Sessel

und setze mich. Meine Lust ist unendlich groß. Mein Körper beginnt leicht zu beben, meine Muschi wird immer heißer und feuchter.
Du gehst scheinbar emotionslos auf mich zu, ich öffne meine Beine, zeige dir meine offene lust- und erwartungsvolle Muschi, die von dir jetzt sofort genommen werden möchte.
Jetzt sofort!
Du gehst an mir vorbei ins Zimmer, ich folge dir.
Schnell schließt du die Türe.
Ungestüm packst du mich, drückst mich gegen sie, öffnest deine Hose - ich spreize meine Beine und schon spüre ich diesen heißen pulsierenden Schwanz ganz tief in mich eindringen.
Mein Gott, wie lange habe ich mir das gewünscht - *hier an diesem Ort Sex mit dir zu haben.*
Du musst zu deiner nächsten Einheit - Trainingsstunde im Fitnessraum. Unverzüglich ziehst du deinen Schwanz aus mir …
Du willst gehen. Das will ich jetzt nicht …
Schnell drehe ich mich um und strecke dir provokant meinen Hintern entgegen - ganz fest und hart stößt du mir erneut deinen prallen Schwanz in mein Innerstes, diesmal von hinten, wie du es am liebsten hast. Ich muss leise sein, stöhne kurz auf und versuche nicht zu schreien.
Du machst mich so geil, dass ich mich jetzt sofort auf dich setzen möchte, um dich wild und ungezügelt zu reiten, auch wenn sie sich noch

ein wenig überfordert fühlt von den vielen Stunden, die wir in den letzten Tagen gevögelt haben - nach einer ewig langen Pause.
Doch du musst sofort gehen - die Patienten warten auf dich.
Du bist schon zu spät. *‚Ob sie dich schon suchen?'*
Einmal noch stößt du mich hart und tief, um ihn dann unverzüglich wieder herauszuziehen …
Etwas durcheinander verlässt du den Raum und eilst in den Keller - in den Fitnessraum.

Ich schließe den Reißverschluss, streife mein Kleid zurecht, gehe in die Vorhalle des Kurzentrums und warte - das war noch keineswegs genug für mich und meine Lust auf dich.

‚Fast fünf Wochen hast du mich warten lassen - ich habe es kaum ertragen. Du hast mich dann endlich wieder genommen - stundenlang - hart, sanft, schnell, langsam.
Wie sehr ich all diese Momente genossen habe, als du vor drei Tagen bei mir in meinem schönen „Tempel" warst. Ich bin süchtig nach diesen Begegnungen.
Wie sehr ich immer mehr von diesem Genuss erleben will.'
Ich warte in der Halle und werde von allen angesehen.
‚Was die wohl hier macht?', werden sich vermutlich alle Patienten denken, die mich hier

sehen.
In dieser sexy Aufmachung passe ich nicht wirklich in eine Kuranstalt, aber außergewöhnlich bekleidet bin ich ohnedies immer. Um einen Kleidungskodex habe ich mir noch in keiner Situation je Gedanken gemacht.
Sogar mein ehemaliger Kurarzt begegnet mir. Der war an einem Samstag doch nie hier im Haus.
Auf seine Frage, was ich denn hier mache, bin ich nicht schlagfertig genug, sogar ein wenig verunsichert. „Ich warte nur auf jemanden.“, ist meine nicht sehr plausible Antwort. Ich erröte leicht und auch er scheint verwirrt zu sein.
‚Ob er etwas ahnen kann?‘
Ich bin doch einfach nur auf Besuch vorbei gekommen, nachdem ich gestern einige ehemalige Mitpatientinnen, die mir ans Herz gewachsen sind, hier bei diesem Fest, das den ganzen Nachmittag gedauert hatte, getroffen habe.
Mein Arzt scheint tatsächlich ein wenig verlegen zu sein - *‚ob er meine Lust riecht? Du meinst, es könne sicher jeder Mann riechen, wenn ich erregt bin.‘*
Nach wenigen belanglosen Floskeln verabschiedet er sich und verlässt das Haus.
Irgendwie war ich einfach zu nervös, um ein gutes Gespräch führen zu können.
Die Zeit vergeht und du kommst nicht - sie vergeht viel zu langsam. Du meintest, du würdest eine halbe Stunde länger brauchen nach

der offiziellen Einheit, da eine Patientin noch ein Coaching von dir bekommen wollte - eine junge rothaarige Frau hätte dich schon letzte Woche darum gebeten.
Ich werde ungeduldig, während mir immer heißer wird vor Lust auf dich.
‚Du willst mich auf die Folter spannen.‘
Ich ertrage das Warten nicht mehr.
‚Was denkst du wohl gerade? Ob du es spürst, dass ich dir in Gedanken ganz sanft über deine Eichel lecke? Lust auf mich? Oder bist du der klassische Mann, der sich nur genau auf das konzentrieren kann, was er gerade tut? Hoffentlich entsteht jetzt kein Fleck auf meinem Kleid. Das wäre doch zu peinlich, wenn ich aufstehe.‘

Ich erhebe mich und gehe unruhig auf und ab …
Es ist schon über der vereinbarten Zeit.
‚Typisch für dich du „arroganter Arsch“- willst mich scheinbar tatsächlich auf die Folter spannen, tust auf cool und lässt mich warten. Scheinbar gefällst du dir allzu gut in der Rolle des distanzierten, coolen Mannes, der seine Emotionen immer unter Kontrolle hat und dem es vollkommen gleichgültig zu sein scheint, mich warten zu lassen.‘
Ich könnte doch einfach wegfahren. Dann wäre ich unerwarteterweise nicht mehr da, wenn du herauf kommst. Du würdest schauen, wenn ich weg bin - wortlos und ohne lustvolle

Fortsetzung, wo wir doch gerade nur ein kleines Vorspielchen hatten.

‚Vielleicht wäre dir das sogar lieber…

Oder soll ich einfach in den Fitnessraum kommen, mich dort auf eine Matte legen, die Beine spreizen und warten, bis du bereit bist?‘

Meine Hitze wird immer unerträglicher.

‚Fickst du da unten womöglich gerade die kleine dünne Rothaarige - die, die doch eigentlich von dir gecoacht werden wollte?‘ Du weißt, dass mich dieser Gedanke zur Furie werden lässt - mein Ego schlägt gerade voll zu.

‚Ich würde ihr dir Augen auskratzen und dir einen Tritt auf deine empfindlichste Stelle versetzen.‘

Unglaublich, wie mich der Gedanke an eine andere Frau, die du womöglich vögelst, rasend macht.

Es ist schon schlimm genug zu wissen, dass es eine Ehefrau gibt.

Ich setze mich wieder hin, klopfe ungeduldig mit meinen Fingern am Tisch - die Vorbeigehenden starren mich neugierig an. Erneut stehe ich auf und gehe - ich will jetzt wirklich schauen, wo du bleibst.

Im Treppenhaus kommst du mir mit der kleinen Rotblonden schon entgegen. Bei ihrem Anblick weiß ich, dass ich keinerlei weitere Gedanken an eine mögliche Konkurrenz verschwenden muss. Leicht berühre ich dich im Vorbeigehen - es darf ja keiner merken, dass du jetzt in Kürze

eine ehemalige Patientin vögeln wirst.
Du gehst mit ihr in die Vorhalle – *‚meine Güte, was gibt es denn jetzt noch zu besprechen?‘*
Ich warte - bereits wütend - ans Geländer gelehnt.
‚Wirst du mit mir hinauf oder hinunter gehen - in den Fitnessraum an die Geräte oder wieder in den Physiotherapieraum?‘

Ich stehe und warte - endlich kommst du zurück. „Wie konntest du mich so lange warten lassen?“ frage ich mit zornigem Gesicht. Ich bin gerade extrem wütend, funkle dich an und du grinst bloß zurück - mit deinem breiten Grinsen auf dem Gesicht. Dann gehst du wortlos an mir vorbei, die Stiegen hinauf. Ich folge dir - aufgeladen und zitternd vor Wut und Erregung. Und wieder landen wir im Physiotherapieraum - hier oben besteht weniger Gefahr, dass jemand um diese Zeit vorbeikommt.

‚Wie sehr ich auf diesen Moment gewartet habe - ich mit dir in diesem Raum. Was du dir jetzt wohl einfallen lässt?‘
Mein Ärger verraucht langsam - und ich bebe vor purer Lust…
Ich weiß doch, dass du sehr fantasiereich bist - lustvoll und abwechslungsreich. Das schätze ich an dir. Meine noch nicht ganz verflogene Wut wegen der langen Wartezeit macht mich innerlich noch wilder und ungezügelter.

Du nimmst mich, um mich innig, begehrend und ebenso wild zu küssen, dann ziehst du mich zum großen Spiegel und ich beuge mich Richtung Hocker. In dem Moment befiehlst du: „Stell dein linkes Bein auf den Hocker!“ Ich mache was du sagst - in dem Augenblick, in dem ich in den Spiegel schaue, sehe ich wie du dein pralles Prachtstück ganz langsam von hinten in mich hineinschiebst. „Jetzt kannst du ihn endlich auch einmal sehen“, sagst du und nimmst mich, indem du diesen herrlich harten Schwanz immer wieder tief in mich einführst, herausziehst und wir uns dabei über den Spiegel in die Augen sehen. Ein wirklich lustvolles Spiel.
Es erregt mich unendlich - *das Verbotene, das Heimliche, das Außergewöhnliche.*
Wenn du wüsstest, was ich mit dir noch gerne alles erleben würde, sofern wir uns nur öfter treffen könnten.
Du bist für mich Befreiung und Erfüllung zugleich.
Ja - jetzt bin ich wieder der Vamp für dich, das geile lustvolle Weib, das weiß, was es will.
Ich blicke in den Spiegel und sehe dir zu, wie du mich durchdringst und ausfüllst - mein Atem wird immer intensiver und ich weiß, dass ich mich beherrschen muss - nur nicht zu laut werden, obwohl das den Reiz für mich noch erhöhen würde. Die Vorstellung, dass vor der Türe womöglich eine Schwester und ein paar Patienten stehen und rätseln, wer denn da im

Raum vögelt, macht mich rasend vor Lust. Meine Erregung steigt bei diesen Gedanken enorm.
Im nächsten Moment packst du mich und meinst: „Ich weiß doch, dass du mich reiten möchtest. Komm, wir gehen an die Sprossenwand, dort kannst du es tun."
‚Wie stellst du dir das vor?'
Du stellst dich mit dem Rücken zur Wand, ich klettere vor dir hinauf, mit meinen High Heels, dem vorne geöffneten Kleid und positioniere mich so, dass meine weit geöffnete Muschi genau in der Höhe deines harten Schwanzes, der sich mir entgegen streckt, verweilt, um ihn dann ganz langsam in sie einzuführen. Oh mein Gott, fühlt sich das herrlich an - in dem Winkel berührst du mit der Spitze deiner Eichel genau meinen G-Punkt - das ist ein Wahnsinn, ein paar Bewegungen und ich komme zum Höhepunkt. Du bist mir nun vollkommen ausgeliefert, stehst regungslos vor mir - ich kann mein Becken bewegen, wie ich will, in Kreisen, in Wellen, auf und nieder und du bist einfach nur da für mich - hoch und nieder, immer wilder werde ich in meinen Bewegungen, immer mehr und mehr will ich dich in mir aufnehmen. Wie gut, dass ich so kraftvolle Beine und vor allem Arme habe, mit denen ich mich an den Stangen festhalte. Und wieder komme ich - es durchzuckt meinen ganzen Körper, mein Nacken biegt sich nach hinten durch in meiner Lust und ich genieße die Wellen, die mich

durchfluten. Ich muss ziemlich leise sein und es ist tatsächlich mindestens genauso intensiv, wie es mit meinen Lustschreien ist - vielleicht sogar noch effektiver, weil ich alle Energie in meinem Unterleib bündeln muss. Gesättigt lasse ich mich nach einigen herrlichen Orgasmen von dir nach unten gleiten, sehe wieder den Hocker und beuge mich sofort darüber, sodass du mich nun gut von hinten ficken kannst.
Ich weiß doch, wie sehr du diese Position magst. Ein paar Mal stößt du mich tief und fest, um dich dann genussvoll über meinem Rücken zu ergießen.
Du scheinst dich am Anblick deines köstlichen Saftes, der nun über meine Pobacken rinnt, wirklich einmal mehr sehr zu erfreuen. Du betonst immer wieder, wie toll das aussehe.
Es war ein herrliches Erlebnis und ich bin mir sicher, dass du dich am nächsten Wochenende in diesem Raum an unsere hier gelebte Lust erinnern wirst.
Kurz vor meinem Aufbruch setze ich mich mit meiner triefend nassen Muschi auf den Hocker, um *kleine Spuren* unserer Lust zu hinterlassen - du sollst mich doch nicht vergessen.
Ein Andenken an mich - an unsere berauschende Begegnung.

Dann verlasse ich den Ort des Geschehens vor dir.
Jetzt ist meine „Therapie" an diesem Platz zu einem guten Abschluss gekommen - ein

himmlisches Vergnügen.

Du bist ein Mann, mit dem ich wirklich immer wieder viel Spaß und Abwechslung erleben kann.
Ich bin erstaunt, dass du es tatsächlich gewagt hast, diese Fantasie hier an deinem Arbeitsplatz mit mir umzusetzen.
Leicht und beschwingt fahre ich in ein Restaurant am Seeufer, an dem wir uns verabredet haben.

Eine viertel Stunde später treffen wir uns dort schon wieder - erfüllt und gesättigt voneinander. Wie schön es mit dir ist, einfach auch nur zu sein - Kaffee zu trinken, Kuchen zu essen, miteinander zu reden und zu lachen, und zum Abschluss einen Spaziergang am Wasser zu machen. Diese scheinbar banalen Stunden des Beisammenseins lassen mich wieder ein wenig den Schmerz von gestern vergessen.
‚Dir geht es scheinbar doch nicht ausschließlich darum, mich zu ficken.'

Voller Leichtigkeit und Freude, und doch auch mit ein wenig Wehmut im Herzen, verlasse ich dich und diesen schönen Ort der Erinnerung, um vollkommen befriedigt wieder nach Hause zu fahren.

Erneut muss ich nun einige Wochen des Wartens ertragen …

Bitte fessle mich …

In den Zeiten zwischen unseren Begegnungen genieße ich es wieder einmal mich in meinen Erinnerungen und Fantasien sowie lustvollen Gedanken zu verlieren.

‚Weißt du eigentlich, dass du mich durch unsere Begegnungen so sehr entfesselt hast, so unbeschreiblich, dass ich mir am Allermeisten wünsche, von dir gefesselt zu werden? Kannst du dir vorstellen, wie es ist zu genießen, wenn ich mich dir in vollkommenem Vertrauen ausliefere und du mit mir tun kannst, was du möchtest?
Außerdem bin ich bereit, dir deinen größten Wunsch zu erfüllen ... wie wunderbar muss es doch sein, dich durch etwas zu begleiten, das du bisher nur in deiner Fantasie erfahren hast. Inzwischen ist deine Fantasie auch zu meiner geworden - wirklich zu einem Wunsch von mir, den ich gerne erfüllt bekommen möchte.
Allerdings bin ich mir nicht sicher, ob du der

Realität standhalten würdest.
Du hättest es so gerne, wenn ich einen anderen Mann vor deinen Augen ficken würde - zumindest hast du mir das schon einige Male mitgeteilt und ich in meinen Fantasien durchgespielt. Also wäre es wohl am besten, bei deinem nächsten Besuch einen anderen Mann mitzubringen.
Ich hätte durchaus nichts dagegen ...
Du weißt schon, dass ich eine Frau bin, die Fantasien auch jederzeit gerne umsetzt.
Bin ich da nicht ein wenig mutiger als du?
Ob wir das jemals noch miteinander vor meiner Abreise erleben können?!'
Immer wieder verliere ich mich in dieser Vision oder kehre zurück zu unserer unmittelbaren Vergangenheit …
Ich werde niemals deinen verblüfften Ausdruck im Gesicht vergessen, als ich dir vor wenigen Tagen in München im Kaffeehaus auf der Terrasse ganz unvermutet meinen befeuchteten Finger in den Mund geschoben habe. Es ist dir tatsächlich nicht aufgefallen, als ich dezent unter dem Tisch meine Hand unter mein luftiges Kleid gleiten ließ, um die Finger in meine bereits ziemlich nasse Pussy zu stecken. Und kurz danach dein Entsetzen, als ich dich fragte, ob du jetzt gerne mein feuchtes Höschen haben möchtest - ich hätte es mir problemlos unauffällig abgestreift ... aber du wolltest es nicht, obwohl du doch immer betonst, wie geil du meine nassen Slips findest.

Manchmal verlässt dich schon ein wenig dein Mut, mein Lieber.
Noch verwirrter warst du, als ich dich dann auch noch kurz darauf in einen Innenhof mitten in der Stadt schieben wollte, um dort mit dir einen *Quickie* zu erleben. Das war zu viel für dich, wo du doch beruflich dort warst und bloß eine Stunde in deiner Mittagspause im Kaffeehaus erübrigen konntest. Auch ich hatte gerade einen Besprechungstermin mit einem möglichen Verleger für meine Bücher hinter mich gebracht, war aber in weiser Voraussicht absolut passend für unser Date gekleidet - ein sehr feminines Kleid, einen zarten String, den du nur zur Seite hättest schieben müssen, nachdem du ihn im Kaffeehaus abgelehnt hast - Spitzenstrümpfe und sexy Stiefel.
‚Was du mit mir noch alles an Außergewöhnlichem hättest erleben können - doch leider hast du gekniffen!
Du hast ja keine Ahnung, wie schwer es für mich war, dir nur kurz und unverbindlich zu begegnen.
Ich bin einfach immer geil auf dich - wenn ich an dich denke, dich sehe, dich rieche…‘

Umso mehr freue ich mich nun auf dein baldiges Kommen.
Unser beider Lust aufeinander ist schon wieder unglaublich prickelnd!
Wir begannen uns diesmal nicht ganz wortlos aufeinander einzustimmen:

>Betreff: Freitag

... wie würdest du denn am Freitag gerne empfangen werden???
Irgendwelche besonderen Wünsche???
Mein Repertoire ist absolut umfangreich, wie du weißt ...<

Deine Antwort:

>Wenn du dich darauf einlassen willst, hätte ich gerne, dass du mich in dem Kleid unserer ersten Begegnung, ohne Unterwäsche, mit bereits verbundenen Augen empfängst. Ich werde dann nicht mit dir reden - du müsstest allerdings am Anfang ein paar Sachen machen, zu denen ich dich wortlos auffordern werde ... bevor ich damit anfange deine Begierde ins Endlose zu steigern.
Ich hoffe, es funktioniert so, wie ich mir das vorstelle ...<

Meine Antwort darauf:

>Ich will mich mit dir auf *ALLES* einlassen…

Kleid ohne Wäsche ist, wie du doch weißt, gar kein Problem ... wahrhaft aufregend ... die Spannung steigt ... du machst die Sache ja sehr geheimnisvoll ... mir zieht es jetzt schon den Unterleib zusammen - so groß ist meine Begierde auf dich und diesen herrlich harten

Schwanz in mir!!!
Drei Wochen Wartezeit sind einfach schon wieder unerträglich lange…

… ich verzehre mich in meiner Lust auf *MEHR*!!!!!<

>Betreff: Morgen

Guten Morgen :-),
Ich finde es ja toll, dass ich heute deinetwegen den ganzen Tag mit einem Ständer durch die Gegend laufen werde - danke …:-) freue mich schon total, dich wieder zu sehen und dich richtig durchzuficken. Das erste Eindringen ist immer das Schönste - wenn deine Süße meinen Schwanz in sich aufnimmt, warm und feucht, und ich ganz langsam immer tiefer in dich eindringe - dein Geruch in der Luft liegt, ich dich lecke, küsse, deine Brüste liebkose, und du mir dann meinen und deinen Saft von der Eichel leckst, ihn genüsslich in dir aufnimmst …

Ich mache mich jetzt gleich auf den Weg, um Liebeskugeln für deine süße Maus zu besorgen.
Damit du morgen keinen Gedanken daran verschwenden musst, werde ich sie noch, bevor ich wegfahre, gründlich waschen, weil ich es gar nicht mehr erwarten kann, sie dir einzuführen und damit zu spielen ...
Du kannst dir ja in der Zwischenzeit vorstellen,

wie ich so vor dir am Rücken liege, du stehst mit gespreizten Beinen über mir, mein Schwanz ragt hart und steif in die Höhe, und du bist gerade dabei langsam in die Knie zu gehen, dich auf mich zu setzen und mich zu ficken, bis dir schwarz vor den Augen wird in deiner Lust ...:-)<

Meine Antwort:

>… und was glaubst du, wie toll ich es finde, stöhnend und ständig feucht schon zwei Nächte hintereinander aufzuwachen … ich winde mich jedes Mal vor Begierde und du liegst nicht neben mir, damit ich mich sofort auf dich setzen kann, um dich hemmungslos zu reiten. Mir ist schon ganz schwindlig vor Aufregung, dich wieder ganz tief in mir zu spüren ... meine feuchte, pulsierende Muschi, die deinen prallen Schwanz in sich einsaugt ... ganz, ganz tief!!!

Ich bin ja schon neugierig, wie diese Liebeskugeln sich in mir anfühlen!!
Würdest du mir beim Einführen die Augen verbinden und mich fesseln???
Es ist schon unendlich lange her, dass ich gefesselt war ...<

Von dir zurück:

>Na klar fessle ich dich, deine Wohnung bietet nur nicht viele Möglichkeiten ... Ich lasse mir

aber etwas einfallen!<

Endlich ist der heiß ersehnte Tag gekommen.

So stehe ich im Vorraum an die Wand gelehnt, die Augen verbunden - wie du es haben wolltest ... und warte ... in wenigen Minuten wirst du hier sein.

Es läutet. Mein Herz beginnt heftig zu pochen. Ich höre dich eintreten, den Schlüssel im Schloss umdrehen und warte.
Mein Puls beginnt zu rasen.
‚Was hast du mit mir vor?‘
Plötzlich höre ich deinen Atem an meinem Ohr, das du vorsichtig zu küssen beginnst, um langsam weiter hinunter zu meinem Nacken zu gleiten - ich spüre deine Zunge, die ihn sanft liebkost und mich erschauern lässt. Deine Lippen gleiten zurück hinauf, um sich vorsichtig auf die meinen zu legen und mich sofort innig und lustvoll zu küssen. Unser beider Atem wird immer heftiger … In diesem Moment hörst du auf.
„Bleib, wo du bist, bewege dich nicht“, meinst du streng in deinem Ausdruck.
‚Was hast du wirklich mit mir vor?‘
Ich höre dich in deiner Tasche hantieren, etwas herausholen - du streifst an mir vorbei - ich bin immer noch regungslos und von sanften Schauern geschüttelt an meine Wand gelehnt.
Du öffnest meine Badezimmertür und scheinst

etwas daran zu befestigen.
‚Du machst es ja spannend. Was hast du bloß vor?‘
Kurz darauf nimmst du meine Hände, immer noch wortlos, führst mich zur Türe und hebst mich mit dem Rücken an der Türe hoch, um meine nackten Füße in zwei Schlaufen zu stellen. Dann hebst du meinen rechten Arm und bindest mein Handgelenk nach oben, danach den zweiten ...
Mein Herz beginnt noch mehr zu rasen.
Ich bin dir vollkommen ausgeliefert.
So hänge ich mit weit gespreizten Beinen an meiner eigenen Badezimmertür.

Langsam beginnst du nun mit deinen Fingern von meinen Füßen nach oben zu streichen, ganz zart, ganz langsam, bis du an meinen Knien verharrst und weiter entlang meiner Innenschenkel streifst - ich kann diese Spannung kaum noch ertragen, so sehr verzehre ich mich in meiner Lust nach dir.
Als deine Hände an meinen schon leicht angefeuchteten Innenschenkeln verharren, fange ich an mich zu winden und meine Atemzüge heftig nach außen zu stoßen. Du zischst nur: „Pscht!!!“
Ich ertrage es doch kaum und atme noch heftiger ... du ziehst dich sofort von mir zurück.
‚Nein!‘ schreit es in meinem Inneren, *‚nur nicht aufhören!‘*.
Ich reiße an meinen Fesseln, es ist zwecklos.

Erst nachdem ich wieder ganz ruhig geworden bin, berührst du mich erneut - ich spüre deine Handfläche zwischen meinen Beinen auf meiner Muschi ruhen - sie beginnt unverzüglich zu pulsieren - ein Schauer durchzuckt mich, bis eine heiße lustvolle Woge sich nach oben entlädt, während ich erlebe, wie ein feuchter Schwall in deine Handfläche fließt. Bloß durch diese bewegungslose Berührung mit deiner Handfläche hast du schon einen sanften aber köstlichen Höhepunkt in mir ausgelöst. Du ziehst die Hand wieder weg - ich höre deine Zunge lustvoll lecken, offensichtlich auf deiner Handfläche - den Rest hältst du mir auf meine Lippen. Ich koste von mir selbst und finde meinen Geschmack durchaus angenehm.
Wieder ziehst du dich zurück …
Erneut höre ich dich auf mich zukommen … unerwartet drückst du mir etwas Kühles zwischen meine Schamlippen nach innen … meine Pussy beginnt heftig zu pulsieren. ‚*Das müssen die versprochenen Liebeskugeln sein.*‘ Die Finsternis, mein heißer pochender Unterleib, meine Lust … ich atme heftig … in meinem Inneren bewegen sich diese Dinger mit jedem Atemzug, jeder Zuckung, mit, - auf und ab, rechts und links … ich winde mich, bäume mich auf - ein lustvoller, schmerzvoller Schrei … schon drückst du mir deine Hand auf meinen Mund.
Meine Arme schmerzen …
Du drückst mich hart gegen die Türe ... dann

gleitest du mit beiden Händen über den hauchdünnen Stoff meines Kleides, verweilst ganz ruhig auf meinen Brüsten, während sich mein Körper dir nach vorne entgegen windet und eine weitere Welle der Lust mich durchflutet. Ich spüre sie in jeder Faser meines Körpers - in meinem Unterleib pulsieren die Kugeln auf und ab.

‚Bitte nimm mich endlich ganz', denke ich mir. Ich weiß, dass ich nichts sagen darf.

Schon nehme ich wahr, wie du mit deinen Händen mein Kleid nach oben streifst und wieder unendlich langsam deinen Kopf zwischen meine Schenkel schiebst, mir kühlend auf meine Klitoris bläst, um danach ganz langsam deine Zunge auf sie zu legen und sie mit sanften Kreisen zu liebkosen. Es ist köstlich, eine Wonne. Ich nehme alles unbeschreiblich intensiv wahr, kann ich doch nichts sehen …

Wieder verschwindest du.

Es wird unerträglich - die Spannung, die Fesseln an meinen Handgelenken schneiden ein, die Finsternis um mich …

Du machst mich verrückt.

Plötzlich packst du mich erneut, wirst ganz ungestüm - spreizt meine Beine noch weiter auseinander, leckst mich wild und begehrlich … und lässt mich los … wieder nichts.

‚Ich will hier weg!', schreit es in mir.

Ich versuche mich zu winden, die Schmerzen meiner Handgelenke werden schon fast unerträglich - du hältst mich fest und ziehst an der Schnur zwischen meinen Schenkeln, sodass die Liebeskugeln kurz darauf am Boden aufprallen. Um meine Arme zu entspannen, hebst du mich aus den Fußschlaufen, legst meine Beine über deine Schultern und schiebst mir unvermittelt deine Finger tief in meine feuchte pulsierende Höhle. Schon spüre ich deinen Druck auf meiner empfindlichsten Stelle - irgendwie fühle ich dich mit jedem Atemstoß von mir noch tiefer nach innen gleiten. Ich gebe es auf, mich wehren zu wollen, lasse mich ganz in die Situation ein, genieße deine herrliche Berührung in meiner Höhle … Unverzüglich erlebe ich eine heiße, eruptive Woge meines Höhepunkts nach oben rasen, um diese von mir mit befreienden Schreien der Lust nach außen explodieren zu lassen, bevor mich noch weitere Wellen überrollen, und meinen Körper - halb hängend, gefesselt - immer und immer wieder dazu bringen sich aufzubäumen, bis ich erschöpft und willenlos vor dir zusammensacke und mir nur mehr wünsche, endlich aus diesen Fesseln befreit zu werden und dich ganz in mir aufzunehmen.

Du nimmst mir die Binde von den Augen und schaust mich tief und intensiv an, während mir Tränen der Lust und Erleichterung über meine Wangen rinnen - befreist mich von den inzwischen allzu schmerzhaft einschneidenden Armfesseln und hebst mich von dort weg, um mich in mein Wohnzimmer auf den von mir liebevoll vorbereiteten Platz zu tragen.

„Es ist unglaublich - ich hatte meine ganze Hand in dir!“ sind deine ersten Worte, die du zu mir sprichst.
Erschrocken blicke ich dich an – ‚*wie ist denn das möglich??!!*‘
Ich habe ausschließlich meine Lust und Hingabe, zu allem, was geschieht, wahrgenommen - und auch einige Momente der Angst und des Schmerzes.
Du meinst, dass ich dich mit jedem Atemzug tiefer in mich eingezogen und in mir aufgenommen habe. Ich bin immer noch sprachlos - eigentlich erscheint es mir unmöglich - auch für dich war dies eine ganz neue Erfahrung. Wir scheinen wirklich weit füreinander *geöffnet* zu sein - ich auf jeden Fall - im wahrsten Sinne des Wortes. Mein Körper erschauert immer noch in kurzen Beben, die Tränen versiegen und *meine Sehnsucht nach mehr* erfüllt mein ganzes Sein …

Achtsam streifst du mir nun das Kleid vom Körper und legst mich vorsichtig auf mein Futon, um dich dann selbst zu entkleiden, bis du mit deinem wunderschönen, erigierten Penis über mir stehst. Ich öffne meine Schenkel, vollkommen bereit, dich zu empfangen, während du dich langsam vor mir zwischen meinen Schenkeln hinkniest und dich scheinbar im Zeitlupentempo auf mich niedersinken lässt …

Nach einigen Stunden gemeinsam erlebter, erfüllender Ekstase, einer weiteren ganz sanften und achtsamen Fesselung in meinem *Liebestempel*, nach einem lustvollen Mahl, das ich für uns zubereitet habe, und mit einem Gefühl köstlicher Sättigung liegen wir letztendlich da.
Wir genießen die Stille und die friedvolle Ruhe, die uns umhüllt.
Eigentlich willst du schon wieder aufbrechen … ich liege neben dir mit meinem transparenten Kimono, der gerade meinen Po bedeckt und schmiege mich an dich.
Es herrscht tiefe und gesättigte Stille zwischen uns.
Ich spüre deinen Blick auf meinem Körper, der sich unter meinem transparenten Kimono abzeichnet.
Unvermutet meinst du: „Bitte bleib genau so liegen."
Du streifst meinem Körper entlang nach unten und ich höre deinen Atem immer intensiver werden.
„Geh auf deine Knie!" verlangst du von mir.
Ich tue es und strecke dir meinen festen Hintern entgegen.
In diesem Moment wird mir klar, dass du dir nun das wünscht, was du noch nie getan hast - bisher bloß in deinen Fantasien.
Ich habe dir versprochen, dir auch diesen Wunsch einmal zu erfüllen, zumindest einmal.
Nun ist es so weit. Ich spüre es.

Nein, es ist nicht der andere Mann, den ich vor dir reiten kann, es ist jene Erfahrung, die ich erst vor kurzer Zeit auf nicht sehr sanfte Weise gemacht hatte.

‚Will ich das wirklich, nach dem etwas schmerzhaften einmaligen Erlebnis mit meinem Nachbarn einige Monate zuvor? Ja ich bin für dich bereit - ich weiß, dass mir mit dir nichts passieren wird.‘

So nass, wie ich immer noch bin, bedarf es bloß einer kurzen Vorbereitung und Verteilung meines Liebessaftes nach hinten. Ich bin tatsächlich vollkommen bereit für dich - du wartest nur, dass ich dir Einlass gewähre, und gleitest dann ganz achtsam und vorsichtig durch meine Analöffnung nach innen. Nach einigen Momenten der Gewöhnung kann ich mich tief entspannen und dir ganz hingeben. Ich spüre, wie offen und vertrauensvoll mein Körper sich dir überlassen kann, und lasse einfach los. Endlich bin ich wieder einmal nach vielen, vielen Jahren wirklich bereit, diese Art der Vereinigung wirklich zuzulassen. Ich spüre deine Lust, deine Leichtigkeit, deine Verblüffung und Freude an all dem, was wir gerade tun. Ich feuere dich an und bitte dich unbedingt in mir zu kommen. Immer intensiver und lauter wird dein Atem, deine Energie verströmt sich durch uns beide und ich bin ganz mit dir, folge deinem Energieaufbau und genieße dich, bis ich deinen Körper hinter mir sich aufbäumen spüre und höre wie du dich mit

einem lauten intensiven Lustschrei und immer wieder kehrenden Zuckungen in mir erleichtert ergießt. Du sackst auf mir zusammen und ich fühle deinen Saft als auch deine intensive Energie ganz tief in mich einströmen, was wiederum bei mir eine weitere sanfte Welle der Ekstase auszulösen beginnt.
Nachdem du dich sehr langsam aus mir zurückziehst und mich umdrehst, blicke ich in deine erfüllten und zugleich erstaunten Augen der Erleichterung.
Auch für mich war diese Art der Erfahrung nicht meine erste, aber meine erste achtsame und zugleich auch erfüllende.
Ich erlebte diese soeben als Auflösung des Schmerzes, der mir in derselben Position beim letzten Mal und einige Male zuvor in meinem Leben zugefügt wurde.
Zugleich bin ich mir auch sicher, dass ich diese Art von Sex nicht wirklich brauche, um mich selbst lustvoll und erfüllt zu fühlen.

Es ist herrlich für mich, einen so wunderbaren Liebhaber wie dich getroffen zu haben, mit dem ich alle Schranken fallen lassen kann, weil ich dir in den gemeinsamen Momenten so sehr vertraue.

Wie einzigartig muss so ein Erleben erst sein, wenn dieser Mann, mit dem ich all die wunderbare Vielfalt der Ekstase erfahren darf, zu mir ganz JA sagt, und mich als seine Frau, seine Königin, seine Göttin verehrte, sowie ich ganz JA zu ihm sagen möchte, zu ihm, meinem Mann, meinem König, meinem Gott.

Dieser Mann wird in mein Leben kommen ...

Ich vertraue darauf, dass mir diese lustvolle Liebe zu leben gegeben sein wird ...

Du bist offensichtlich die Vorbereitung auf diese besondere Liebe, die ich mir so sehr zu leben wünsche.

‚Was wir wohl noch in der kurzen Zeit bis zu meiner Abreise nach Mexiko erleben werden?'

Die Uhr tickt …

Ich freue mich schon jetzt wieder auf unsere nächste Begegnung.

Beim Zahnarzt

Es ist unglaublich, was in den Vorbereitungen auf eine große Reise alles beinhaltet ist. Ich benötige nicht nur einen neuen Reisepass, eine Krankenversicherung und einen internationalen Führerschein, sondern auch die Gewissheit gesund zu sein, bevor ich für lange Zeit in einem Land sein werde, das vermutlich ein anderes Gesundheitssystem hat als Österreich.

So erschien es mir notwendig, sowohl zu meiner Gynäkologin als auch zu meinem Zahnarzt zu gehen, um mich durchchecken zu lassen.
Schon als ich im Wartezimmer der Ärztin saß, musste ich immer wieder mit meinen Gedanken zu dir schweifen, alles Revue passieren lassen, was wir an aufregenden Erlebnissen bereits hinter uns hatten - du mit deinen ausschweifenden Fantasien und ich, diejenige, die sie alle am liebsten sofort umsetzen würde. ‚Meine Güte, war unsere Fesselungserfahrung

spannend für mich - nicht nur die an meiner Badezimmertür, sondern auch jene sanfte danach, bei der ich bloß willenlos mit verbundenen Augen vor dir lag und du alles mit mir machen konntest. Wie aufregend es war, gefesselt zu sein und trotzdem ganz achtsam und langsam genommen zu werden, nach all den Berührungen mit deinen kundigen Fingern, deiner köstlichen Zunge, den Federn und dem Öl ...'

Ich wurde dann aufgerufen und musste meine Gedanken unterbrechen.

Umso mehr ging meine Fantasie mit mir dann am Behandlungs-Stuhl durch - war ich froh, dass sie eine Frau und kein Mann war - wer weiß, was sonst passiert wäre.

Ich saß auf diesem Stuhl mit weit gespreizten Beinen und dachte daran, dass du vor mir stehst ... langsam deine Hose öffnest und mir dann ganz intensiv deinen wunderbaren harten Luststab in meine weit geöffnete dich schon erwartende feuchte, heiße Liebesgrotte schiebst ...

„Alles in Ordnung!“, meinte die Ärztin und entließ mich sehr schnell wieder von dort.

Jetzt sitze ich in einer ganz anderen Praxis.

Ich habe dir gestern gesagt, dass ich noch einen Zahnarzttermin hätte und den nicht mehr verschieben wollte - wir uns deswegen eine Stunde später als geplant erst wieder sehen könnten - wie schade, wo wir doch ohnedies nur so selten Gelegenheit haben uns zu begegnen. Dafür werde ich umso lustvoller zu unserem wunderbaren *Sex-Fest* kommen, ist doch dieser etwas schüchterne, höfliche aber sehr attraktive Zahnarzt ein Mann, den ich mir schon seit einigen Jahren zu vernaschen wünsche. Wenn er bloß nicht immer so extrem anständig und zurückhaltend wäre. Es ist mir nur wenige Male gelungen, ihn ein wenig aus der Reserve zu locken. Aber wie oft geht man denn schon freiwillig zum Zahnarzt? Das Ganze wäre irgendwann womöglich eine *unleistbare Verführungsaktion.*

So sitze ich in dieser stilvollen Praxis mit schönen Möbeln, teuren Teppichen ... ja, ein Zahnarzt hat sicher ein gutes Einkommen, vor allem einer, der seine Arbeit in gehobener Qualität anbietet.
‚Ob er auf allen Ebenen so gut ist, wie bei seiner Arbeit? Mit dem Bohrer kann er wahrhaft hervorragend umgehen. Meine Signale wird er sicher bekommen haben ... meine Güte, wie es mir schon manchmal heiß geworden ist, als ich auf seinem Stuhl saß, sein Gesicht über mir ...

Oder diese aufregenden Gedanken, als ich letztes Mal beinahe eine Stunde in der Schräglage dort liegen musste. Einmal hatte ich tatsächlich kein Höschen an und unendlich große Bedenken, ob man bei meinem Aufstehen nicht einen Fleck auf meinem Rock sehen würde, noch dazu geschah das an einem heißen Sommertag. Vielleicht würde es mir ja heute gelingen, ihn endlich einmal so richtig scharf zu machen ... ich bin die letzte Patientin ... oh nein, ich will doch so schnell wie möglich zu unserem aufregenden Date kommen ... ein kleines Vorspiel wäre allerdings auch nicht schlecht ...‘

Die Assistentin holt mich und reißt mich aus meinen Gedanken: „Grüß Gott, Frau Magister." Ich begrüße sie lächelnd. *‚Ach, die ist ja auch noch da - nein, da läuft sicher nichts - ist er doch viel zu seriös, der Herr Doktor.‘*

Ich komme in den Behandlungsraum und schon strahlt mich dieser faszinierende Mann mit seinem gewohnt freundlichen Lächeln an: „Guten Tag, Frau Magister." Ich zucke jedes Mal zusammen, wenn er mich so formal anspricht: „Guten Tag, Herr Doktor, wie schön Sie wiederzusehen." „Das kann ich nur zurückgeben, es ist jedes Mal eine Freude, Sie zu sehen, Frau Magister."

‚Was glauben Sie, welche Freude es wäre, mit Ihnen zu vögeln, Herr Doktor.‘ Das denke ich mir natürlich nur - hoffentlich waren meine Gedanken nicht zu laut - mir wird schon wieder heiß und bei ihm sehe ich einen Hauch von Röte im Gesicht. Irgendwie bemerke ich, wie sich unverzüglich Feuchtigkeit zwischen meinen Schenkeln spürbar macht - bin ich froh heute einen Slip anzuhaben.

Ich bin bei jeder Sitzung von Neuem erstaunt,

dass mich dieser Mann so unglaublich reizt. Vermutlich sind es gerade diese Seriosität, Höflichkeit und sein respektvoller, formaler Umgang, die mich dazu veranlassen, diesen Mann einfach nur verführen zu wollen.
Und scheinbar genieße ich es immer noch, eine *Jägerin* zu sein.

Ich muss mich auf dem Stuhl niederlassen, werde wieder in eine leichte Schräglage versetzt und spüre einen Strom von Hitze in mir aufwallen - *‚ist das seine Nähe?‘* Er ist ja notwendigerweise verdammt nahe. *‚Oder sind das schon meine lustvollen Vorfreuden auf unsere heutige Begegnung?*
Vermutlich eine Mischung aus beidem. Obwohl es mir bei ihm meistens so ergangen ist - schon bevor ich dich überhaupt kannte.‘
Mein Blick streift an ihm hinunter – *‚habe ich da ein leichtes Zucken in seiner Mitte gesehen?‘*
Ich schließe die Augen, mein Blutdruck ist sicher bereits auf 170, ich muss ruhig atmen und versuchen, mich zu beruhigen. Es wäre doch zu peinlich, wenn ich jetzt auch noch heftig zu atmen begänne. Ich konzentriere mich auf einen ruhigen Atem und bemühe mich meine Gedanken unter Kontrolle zu bekommen.
‚Wie viel lieber würde ich jetzt mit meiner rechten Hand so ganz versehentlich über seine weiße Hose streifen ...‘
„Frau Magister, es scheint so weit alles in Ordnung zu sein, doch beim linken hinteren

Sechser wäre eine kleine Korrektur vorzunehmen, ich werde Sie einspritzen.“
‚Sechser, Korrektur, spritzen ...‘ meine Gedanken spielen verrückt.
Ich beschließe mich in Selbsthypnose zu versetzen – *‚vielleicht werde ich dann etwas ruhiger.‘*

Aus der Ferne höre ich das Geräusch eines Bohrers, ich bin ganz entspannt und ruhig, mein Mund weit offen ... wie schön wäre es doch etwas anderes in mir zu spüren, als einen Bohrer ... ich sinke noch ein wenig tiefer in die Trance. Dann bekomme ich eine Füllung und höre nur weit entfernt seine Stimme: „Nadja, Sie können für heute Feierabend machen, ich komme hier schon alleine zurecht. Haben Sie noch einen schönen Abend.“ ‚Oh mein Gott, endlich sind wir alleine. Was hat er vor?‘ Wahrscheinlich habe ich das alles nur in meiner Trance so
wahrgenommen. Ich versuche meine Augen zu öffnen.
„Lassen Sie ruhig Ihre Augen geschlossen, Frau Magister, entspannen Sie sich, atmen Sie tief und ruhig weiter.“ Ich liege hier und atme, noch ein Stück tiefer in meine Trance hinein. Irgendwie vernehme ich ein Geräusch, das so klingt, als würde er seine Gummihandschuhe abstreifen. ‚Soll sich mein Wunschtraum endlich tatsächlich erfüllen?‘
Plötzlich spüre ich eine Hand ganz vorsichtig

von meinem Knie entlang meines Schenkels nach oben gleiten. Ich kann es nicht fassen - ein heftiger Schauer durchzuckt meinen Körper und ich höre, wie mir ein lauter Atemstoß entkommt. „Herr Doktor?“ stöhne ich kurz auf. „Bleiben Sie ganz ruhig liegen, Frau Magister, entspannen Sie sich noch tiefer.“ Schon spüre ich zwei Finger in mein Höschen gleiten, ganz zielstrebig zu meiner Klitoris, während mir einige schwere Atemstöße entströmen und meine Hüften sich kurz aber heftig aufbäumen. Er wagt es tatsächlich. „Herr Doktor!“ stoße ich keuchend hervor. In diesem Moment schieben sich diese beiden Finger in meine ziemlich nasse und pulsierende Pussy, während ich das Geräusch des Bohrers erneut vernehme, diesmal nicht von meinem Mund, sondern von meinen Schenkeln kommend, die inzwischen weit gegrätscht sind ... Oh mein Gott, ich spüre diese intensive Vibration direkt auf meiner Klitoris, während die beiden anderen Finger wendig und wissend genau meinen G-Punkt massieren. Der Mann hat tatsächlich Fingerspitzengefühl - nicht nur mit seinem Bohrer. Es hätte mich auch gewundert, wenn es anders wäre, bei seiner Empathie. Nicht umsonst hatte ich schon seit einigen Jahren Lust auf ihn gehabt. Erneut spüre ich mich von einer Woge dieser Lust erschauernd weggetragen werden, bis sich mein heftiger Atem in Lustschreie verwandelt und mich zu einem unbeschreiblich meinen Körper durchzuckenden Höhepunkt führt. Meine Hüften bäumen sich nach oben, und ich werde von Schauern der Ekstase durchflutet. Kaum hat sich mein Atem ein wenig beruhigt, legt sich diese wunderbare weiche und wendige Zunge zwischen meine Schenkel und beginnt mich wissend und erforschend außen und dann immer tiefer nach innen gleitend zu lecken. Ein weiterer Orgasmus durchzuckt meinen Körper und zugleich spüre ich meine warme Flüssigkeit aus mir rinnen.

‚Ich will Sie ganz, Herr Doktor, bitte ficken Sie mich endlich!' Als ob er meine Gedanken gelesen hätte, meint er: „Bitte würden Sie mir nun mit geschlossenen Augen folgen, Frau Magister." Er nimmt meine Hand, hilft mir beim Aufstehen - noch stehe ich zitternd und knieweich da. Dann führt er mich ganz achtsam in einen Nebenraum. Das muss der Raum sein, den ich nur selten mit meinen Blicken erhascht habe. „Nicht die Augen öffnen, Frau Magister." ‚Kann er nicht endlich mit dieser Formalanrede aufhören.' Dort angekommen, setzt er mich auf einen weichen Sitz - vielleicht ein Sofa - und bittet mich ganz nach vorne an den Rand zu gleiten. Ich folge seinen Anweisungen, öffne vorsichtig meine Beine und spüre, wie er mir meinen Rock nach oben schiebt. Danach streift er mir mein Top über den Kopf und scheint auch sich selbst zu entkleiden. ‚Ob ich nicht einen Moment meine Augen öffnen soll, um wenigstens kurz zu sehen,

was mich erwartet.' Er scheint meine Gedanken schon wieder gelesen zu haben und hält mir seine Hand über meine Augen. Schon öffnet er meinen BH und beginnt vorsichtig meine Brüste zu massieren. Ein weiterer Schauer und Hitze durchströmen mich, während er meine Brustwarzen mit seinen Lippen und Zähnen liebkost, so lange, bis ein weiterer sanfter Orgasmus durch alle Bereiche meines Körpers strömt.

„Öffnen Sie jetzt Ihre Augen, Frau Magister." Ich öffne sie und blicke auf seinen direkt vor mir erigiert pulsierenden Penis, der sich offensichtlich nach Berührung sehnt. Mein Blick schweift nach oben und ich sehe seine lusterfüllten Augen auf mich gerichtet. ‚Na dann, Herr Doktor, ich stehe Ihnen auch gerne zu Diensten.' Schon nehme ich ihn zwischen meine beiden Hände und beginne vorsichtig zu massieren, während meine Zunge seine feuchte Eichel umkreist. Sein Atem scheint heftiger zu werden. Ich wage es fester und intensiver zu streichen, zu massieren, mit meinen Fingern auf diesem prallen Penis lustvoll zu spielen ... plötzlich hält er inne und zieht sich zurück. „Steh auf!" Ich gehorche - ‚er sagt DU zu mir?' Dann setzt er sich aufs Sofa, sein harter pulsierender Schwanz hoch aufgerichtet. „Setz dich auf mich!" ‚Woher weiß er, dass das meine Lieblingsposition ist?' Langsam bewege ich mich auf ihn zu, nur mehr mit meinen Spitzenstrümpfen und Stiefeln bekleidet. Ich

streife mir die Stiefel von den Beinen und stelle mich mit weit gespreizten Beinen über ihn aufs Sofa, gehe ganz langsam in die Hocke und verharre kurz in dem Moment, in dem ich seine Eichel am Eingang meiner sich vor Lust verzehrenden Muschi spüre. Während ich dann unendlich langsam nach unten gleite, spüre ich schon wieder eine Welle durch mich strömen und in dem Moment, in dem er ganz tief in mir ist, entkommt mir ein lautes Stöhnen. Jetzt beginne ich zuerst sanft und vorsichtig und Schritt für Schritt immer schneller und wilder seinen harten Schwanz zu reiten, bis mich ein Orgasmus nach dem anderen in die vollkommene Entäußerung meiner Ekstase führt. Plötzlich packt er mich unerwartet fest an meinen Hüften und bringt mich zum Stillstand, durch den sich meine Muskulatur viel heftiger zusammenzuziehen beginnt und ich mit meinen Vaginalmuskeln seinen Penis so fest und intensiv umfasse, dass er mich noch zwei Mal nach oben und unten schiebt, bevor er mich abrupt ganz nach oben hebt und ich sehe, wie er sich mit heftigem Zucken und tiefen Atemstößen auf meinen Bauch entlädt ...

„Frau Magister, wir sind fertig ... Frau Magister!?“
Ich zucke zusammen, versuche meine Augen zu öffnen, schaffe es erst nach einigen tiefen Atemzügen und blicke verwirrt um mich. Ich sehe in seine Augen - er schmunzelt.

‚Wo ist denn die Assistentin?‘ „Ich habe Nadja für heute schon entlassen, es ist ja doch ein langer Tag gewesen.“ Er scheint meine Gedanken schon wieder gelesen zu haben.
„Kann ich noch etwas für Sie tun, Frau Magister?“
Verwirrt blicke ich an mir hinunter …
„Nein danke, Herr Doktor, ich bin vollkommen zufrieden mit Ihrer Behandlung. Es war …“

Er begleitet mich nach vorne in den Vorraum, schüttelt mir höflich wie immer die Hand und verabschiedet sich von mir. „Ich wünsche Ihnen eine gute Reise nach Mexiko und freue mich Sie hoffentlich im Frühjahr wiederzusehen. Auf Wiedersehen, Frau Magister.“
Noch leicht durcheinander antworte ich ganz kurz: „Bis bald, Herr Doktor, ich wünsche Ihnen einen schönen Abend.“

Ziemlich konfus verlasse ich die Praxis.
Nervös schaue ich am Weg zu meinem Auto auf meine Uhr.

‚Ich muss mich beeilen, wir können doch keine Zeit verlieren.
Wer weiß, wie oft und ob du überhaupt noch zu mir kommen kannst, bevor ich in knapp zwei Wochen abreise.
Was ich denn heute alles mit dir erleben werde?
Ich freue mich so sehr auf dich.‘

Ich durfte tatsächlich eine weitere atemberaubend schöne und tiefe Erfahrung mit dir genießen.
Leider bist du wieder mitten in der Nacht gefahren, obwohl ich mir so sehr gewünscht hätte, einmal eine ganze Nacht mit dir erleben zu können. Wer weiß, vermutlich hätte ein gemeinsames Erwachen den Schmerz erhöht, den ich mit jedem Abschied mehr verspüre…

Schon ganz bald werde ich mich endgültig von dir verabschieden müssen, um dich vermutlich nie mehr wiederzusehen - erwartet mich doch das neue Unbekannte.
Ein vollkommen neues Abenteuer und Kapitel meines Lebens.

Und ein letztes Mal - eine Woche vor meiner Abreise - erhalte ich von dir eine weitere wunderschöne anregende und erregende erotische Geschichte, die dann wahrhaft den *Abschluss unserer gemeinsamen Geschichte* darstellen soll.

Wir können uns danach nur noch einmal tief ineinander verlieren - unsere letzte Begegnung wird drei Tage vor meinem Abflug stattfinden.

Am Maskenball

Eigentlich würde ich mich am liebsten mit einer großen Pizza vor den Fernseher setzen.
‚Aber da wäre noch diese Einladung - diese ganz spezielle mysteriöse Einladung.‘
Vor einigen Wochen ist sie in einem goldumrandeten weißen Umschlag in meinem Postkasten gelegen - sie hatte keinen Absender, war aber sehr edel ausgeführt und mit einem Siegel versehen. Irgendwie hatte ich sie unachtsam auf die Seite gelegt und dann offensichtlich unter meinen Unterlagen am Schreibtisch vergessen. Als ich sie eine Woche später durch Zufall wieder gefunden und hineingeschaut hatte, fand ich darin eine goldene Karte mit einer Einladung zu einem *Kaiserlichen Maskenball.*
‚Wer veranstaltet denn so etwas? Sicherlich wieder irgendeine Verkaufsveranstaltung.‘
In der Einladung war zu lesen *„Maskenball der schönen Menschen“ - diese Einladung ist ausschließlich für den Empfänger bestimmt!*

Eine Adresse, ein Datum, eine Uhrzeit waren darin enthalten und ein Hinweis darauf, dass Kostüme vor Ort ausgeliehen werden können - sonst nichts…

'Was kann man davon halten - was hat man von schönen Menschen, wenn sie maskiert sind? Sehr eigenartig.' Die Adresse weist auf ein altes Palais im ersten Bezirk hin - eigentlich sieht das alles schon so aus als könnte man es ernst nehmen.

Genau dieses Fest findet heute statt.

Ich blicke auf die Uhr - es ist jetzt 20 Uhr - der Ball beginnt bereits in einer Stunde, um 21Uhr.

'Ach was soll es - es ist doch einen Versuch wert.'

Um 21:30 Uhr stehe ich vor einer dunklen verschlossenen Türe bei jener angegebenen Adresse - ich finde nicht einmal eine Klingel, um zu läuten. *'Na super - scheint doch nur ein Scherz zu sein, hier ist ja kein Mensch.'* Gerade als ich das fertig gedacht habe, öffnet sich die Türe und ich trete ein. Empfangen werde ich von einem maskierten Butler in weißen Strümpfen, Schnallenschuhen, einer roten samtigen Kniehose und einer langen roten Livree mit goldenen Verzierungen - er fragt mich höflich nach meiner Einladung. Nachdem er sie sich angesehen hat, weist er mir wortlos den Weg in einen Raum, der sich direkt aus dem feudalem Entree heraus eröffnet.

Es dürfte das Umkleidezimmer sein - voll gehängt mit Kostümen, Perücken und

Gesichtsmasken …
Eine weitere Türe geht von diesem Raum weg, sie ist leicht geöffnet, dahinter brennt Licht und ich kann deutlich jemanden darin hören. In diesem Moment kommt der Butler wieder auf mich zu und gibt mir mein Kostüm - eine blaue Kniehose aus schwerem Samt, ein weißes Hemd mit Rüschen und einen blauen Gehrock, der über und über mit goldenen Applikationen geschmückt ist, dazu eine weiße hohe Perücke und einen Dreispitz als Hut.
Er verlässt den Raum, und ich beginne mich umzuziehen. Wieder vernehme ich ein Geräusch von nebenan. ‚*Was ist da in diesem Nebenraum los?*‘ Ich gehe lautlos zu der leicht geöffneten Türe und spähe in den großzügigen Raum. In derselben Sekunde bleibt mir die Luft weg. Im Nebenraum befindet sich offensichtlich die Damengarderobe. Mit dem Rücken zu mir steht eine schwarzhaarige Schönheit - zumindest vermute ich das - und ist gerade damit beschäftigt sich anzuziehen. Sie ist noch nackt und gerade dabei ihre halterlosen Strümpfe nach oben zu rollen - sie trägt keinen Slip, hat ein Bein am Sessel stehen, ihr lockiges dichtes langes schwarzes Haar fällt ihr über die Schultern. Der Hintern und die Beine sind perfekt und die Position, in der sie steht, gewährt mir von hinten Einblick zwischen Ihre Beine - unglaublich reizvoll, so anmutig wie sie ihren Strumpf nach oben rollt und bildschön scheint sie zu sein - jedenfalls von hinten

erscheint sie mir tatsächlich makellos. Sie zieht mich magisch an. *‚Wie gerne würde ich leise hinter sie treten, sie mit dem Mund am Nacken liebkosen und meine Hände an ihren festen, schönen Hintern legen. Sie würde etwas erschrecken, kurz nach hinten schauen, mich wahrnehmen, ihren grazilen Oberkörper weiter nach vorne beugen und mir ihren perfekten Arsch entgegenstrecken. Dieser Einladung kann ich nicht widerstehen und nur Augenblicke später bin ich mit meinem harten Schwanz tief in ihr ...*
Na klar, gerade mir wird so etwas passieren, das gibt es ja nicht einmal im Pornofilm - blöde irreale Fantasie ...
Wer ist diese Frau, wie sieht sie von vorne aus ...?‘
Plötzlich höre ich von hinten ein Räuspern, der Butler steht hinter mir und fordert mich - schon alleine durch seine Anwesenheit - auf, von der Türe wegzutreten, die er danach wortlos schließt.
‚Wer war das?‘ Mein Schwanz pocht hart in meiner Hose - ich hatte schon so lange keine Frau - und dann dieses perfekte Weib direkt vor mir …
‚Wie finde ich sie wieder?‘
Ich habe nicht einmal Zeit für einen weiteren Gedanken, werde vom Butler aufgefordert, meine Maske aufzusetzen, und in den Ballsaal geführt. Das Ambiente ist feudal, der Saal voll mit maskierten Menschen. Fasziniert blicke ich

um mich.
‚Wie soll ich sie da nur wieder finden???‘
Also beschließe ich, mich einmal auf den Weg zu einem Getränk zu machen und ganz nebenbei herauszufinden, was das eigentlich für ein Fest ist. Irgendetwas liegt in der Luft, ich kann es aber noch nicht definieren. Der Umgang der Gäste miteinander ist ein sehr netter und zuvorkommender, das Buffet eine Ansammlung von - meiner Meinung nach - erotischen Gerichten. Es fehlt nichts, es gibt Austern, Spargel, Feigen, Sushi, Erdbeeren, Wild sowie einen großen Schokobrunnen mit allen nur erdenklichen exotischen Früchten - mundgerecht geschnitten und um den Brunnen garniert. Der Raum ist ausgestattet mit großen Stehtischen, Liegen und einer Bar, an der man wohl alles bekommt, was man sich erwünscht.
Ich nehme mir ein Glas Sekt und stelle mich an einen Stehtisch, der mit einem bodenlangen Tischtuch bedeckt ist. Jetzt wo ich mich in Ruhe umsehen kann, fällt mir auf, dass der Umgang der Gäste nicht nur nett ist, sondern die normalen Umgangsformen bei Weitem sprengt.
Ich sehe da eine Hand auf einem Hintern, dort reibt sich eine Frau an einem großen, augenscheinlich sehr muskulösen Mann, neben mir liebkost ein Mann seine Begleitung mit den Zähnen am Nacken …
‚Hmm, jetzt weiß ich, was da in der Luft liegt - es ist Lust, Begierde und Leidenschaft. Was mir

ebenfalls erst jetzt auffällt - der Raum ist durchströmt von Musik, die so gar nicht zu dem Thema dieses Festes passt, aber wunderschön soulig ist und direkt unter die Haut geht - und es wird tatsächlich nicht gesprochen.'
Gerade als ich diesen Gedanken fertig gedacht habe, spüre ich einen Frauenkörper, der sich von hinten gegen mich drängt, fast im selben Augenblick eine zärtliche Hand, die mir ebenfalls von hinten in die Hose greift und direkt an meinem besten Stück herumspielt. *‚Wow, was ist da los?'* Am besten nicht bewegen und einmal schauen, was noch kommt. Eigenartig - während ich so wunderbar zärtlich an meinem bereits ziemlich harten Schwanz massiert werde, kommen mir die Bilder der Unbekannten wieder in den Sinn. *‚Wer ist sie - wo ist sie - wie finde ich sie wieder?'* Eigentlich habe ich nur zwei Anhaltspunkte - ihr unbändiges schwarzes Haar und ihre wunderschöne Muschi, umrandet von diesem knackigen Arsch. Ich muss mich wohl zunächst an die Haare halten.
Die Unbekannte hinter mir fühlt sich eigentlich auch richtig gut an und ihre Hand weiß, was sie zu tun hat. Dennoch gebe ich mir einen Ruck und drehe mich um, was sie dazu veranlasst ihre Hand von meinem Schwanz zu nehmen. Vor mir steht eine zierliche kleine Frau, jung, vollbusig, sehr frivol gekleidet, eigentlich wirklich perfekt … aber unter ihrer Perücke ragt eine blonde Strähne hervor. Ich bin jetzt richtig

erregt, mein Herz pocht, mein Schwanz ist prall - ich will die andere. Ich gebe meinem Gegenüber einen zärtlichen Kuss, indem ich jedoch deutlich die Nachricht, *„Nein danke“*, mitschwingen lasse, löse mich von ihr und begebe mich auf die Suche.
Die Situation hat wohl länger gedauert, als ich gedacht habe. Als ich mich auf den Weg mache, sehe ich bereits Hände unter Röcken, Frauen, die auf Männern sitzen und rhythmisch ihre schönen Körper vor und zurückbewegen.
Das passt - vor allem zu meinem Zustand - *‚wie finde ich sie?‘*
Es sind auch schon einzelne Bekleidungsteile gefallen und es sind wirklich wunderschöne Körper, die ich hier sehe.
Plötzlich versperren mir zwei Damen den Weg, sie schmiegen sich an mich, ich spüre Hände überall, meine Erregung steigt ins Uferlose. Eine der beiden nimmt meine Hand und führt sie zwischen Ihre Beine. *‚Oh, wow, wie gut fühlt sich das an, heiß und feucht‘* - ich bin bereit, mich den beiden Schönheiten hinzugeben, doch da fällt mein Blick auf eine hochgewachsene schlanke Person die zwischen all den anderen, die miteinander beschäftigt sind, offensichtlich ihrem Wesen folgt und unglaublich schön im Rhythmus der Musik tanzt. Sie ist ganz bei sich und dürfte von dem Treiben rund um sich nichts mitbekommen. Ich spüre Lippen an meinem Schwanz, die unglaublich zärtlich sind. Ich muss mich dennoch lösen, ziehe mir die Hose,

die mir eine der beiden schon abgestreift hat, wieder hinauf, lasse mein Hemd jedoch offen und bewege mich langsam auf dieses überirdische Wesen zu. Jetzt ist auch die Begegnung aus der Garderobe vergessen - dieser Frau kann ich einfach nicht widerstehen. Schon im Gehen nehme ich den Rhythmus der Musik und diesen wunderbar geschmeidigen Körper auf.
Ich ziehe mir das Hemd aus und steige in den Tanz ein.
Kein Wort fällt, wir umgarnen uns, betören uns im Tanz, kommen zusammen auf den Boden, nur um gleich darauf wieder aufzusteigen… Unsere Körper spielen miteinander im Takt der Musik - ich erfasse ihr Wesen mit allen anderen Sinnen, meine Augen habe ich geschlossen, um diese faszinierende Frau über meinen Körper in mein Gehirn aufzunehmen.
Das ist mehr und besser als Sex, es kommt zu richtigen Explosionen in meinem Kopf und in meinem Bauch.
Diese Berührungen, dieser Duft - jetzt muss ich doch meine Augen öffnen, um noch mehr von diesem Superweib zu erfassen. Was sehe ich da klar und deutlich vor mir - schwarze Haare, die wild unter der Perücke hervordrängen, der Oberkörper eingebunden in ein wunderschönes Mieder, darunter der obligatorische weite Rock. *‚Schwarze Haare! Ist sie es? Das ist sie, das muss sie sein, das Gefühl ist dasselbe wie in der Garderobe.*‘ Unsere Blicke treffen sich über die

Masken im Tanz, sie weicht zwei Schritte zurück, dreht sich … öffnet im Drehen die Bänder Ihres Rocks und lässt ihn zu Boden gleiten.
Eine Göttin steht vor mir: Hohe Schuhe, halterlose Strümpfe, kein Slip, oben herum ein goldenes Mieder, das ihre Brüste noch mehr zur Geltung bringt und spitz in Richtung ihrer Vulva verläuft. Meine Beine geben nach, ich falle auf die Knie, sie stellt sich direkt vor mich - eine Woge ihrer Erregung umspielt meine Nase. Es gibt kein Halten, ich greife mit beiden Händen auf diesen knackigen Arsch und drücke mir diese wunderschöne vor Erregung feuchte und so geil riechende Muschi direkt auf den Mund.
Der Tanz geht weiter, doch jetzt bewegt sich nur noch dieser süße kleine Hintern zu den Klängen der Musik von einer Seite zur anderen. Meine Zunge hat ihren Weg zu einer voll erregten heißen Klitoris gefunden und ich spüre die Wogen der Erregung durch mein Gegenüber gehen.
Ich möchte diese geile Pussy an meinem Penis spüren, im Zurücklegen öffne ich meine Hose, hole meinen harten steifen Schwanz heraus und lege mich einladend auf den Rücken…

Du kommst langsam näher, genießt zu sehen, dass mein bestes Stück gleich explodiert und sich bereits Lusttropfen auf der Eichel gebildet haben. Du stehst jetzt mit weit gespreizten

Beinen über mir, nimmst dir unendlich viel Zeit - du weißt ich kann nicht mehr weg. Der Anblick, der sich mir bietet, ist atemberaubend. Du siehst mir immer noch durch deine Maske tief in die Augen und senkst langsam deinen geilen Arsch nach unten, berührst bereits meinen Schwanz mit deiner Pussy - ich spüre wie feucht und heiß sie ist, fühle sie fordernd und lustvoll pulsieren. Du siehst mir in die Augen und forderst mich durch deine Blicke auf, ganz ruhig liegen zu bleiben - senkst dein Gesäß Millimeter um Millimeter ab, umgarnst meinen harten Penis mit deiner Pussy, nimmst ihn voller Lust in dir auf. Nun bleibst du kurz auf mir sitzen und beginnst dich erneut langsam im Rhythmus der Musik zu bewegen. Ich muss wieder meine Augen schließen, um diesen Moment voll und ganz aufnehmen zu können. Ich höre wie du schwer zu atmen beginnst, von einem Höhepunkt in den anderen kommst, deine Muschi immer feuchter wird, du dich über mich ergießt - *‚bitte nicht aufhören*!‘ schreit es in mir.
Du reitest und reitest, mein Schwanz wird noch härter …

Irgendetwas ist plötzlich anders, ich öffne die Augen, sehe mich um - all die anderen Pärchen haben voneinander gelassen und Ihre Blicke sind auf uns gerichtet - zu schön ist dein Anblick, wie du wild im Rhythmus der Musik meinen Penis reitest und vor Ekstase schreist.

Doch selbst in diesem Zustand verlierst du nicht dein Gefühl für deinen Gespielen, du spürst den Schwanz immer härter werden - es kann nicht mehr lange dauern. Du gleitest nach hinten von mir hinunter, damit ich alles sehen kann, nimmst ihn in beide Hände, presst ihn zärtlich aber bestimmt zusammen und umspielst ihn mit deinen Lippen … ich spritze heiß ab, du schluckst die erste Ladung, die zweite lässt du über meinen Schwanz und deine Hände laufen.

Wir hatten vorher noch niemals eine Begegnung gehabt, doch du hast mir den perfekten Orgasmus beschert - *‚wie ist das bloß möglich?‘* Die Energie der anderen Paare ist zu spüren, sie wenden sich - angeregt durch uns - wieder einander zu und kommen miteinander teilweise scheinbar sehr schnell zum Höhepunkt. Ich richte mich auf, wir knien uns einander gegenüber, du hast noch etwas Samenflüssigkeit auf den Lippen, deine Hand reibt noch zärtlich an meinem Penis. Ich stehe nicht auf den Geschmack von Sperma, aber ich muss dich küssen - ich bin so geil auf dich. Es folgt ein inniger heißer Kuss, ich lege dir eine Hand auf die Muschi, meine Finger gleiten in dich - *‚was ist los mit mir ...?‘* Ich muss dich nun einfach herumdrehen, dir meine Hände um die Hüften legen dich festhalten, und dir meinen noch immer, oder schon wieder, steifen, mit Sperma befeuchteten Schwanz in die vollkommen nasse Muschi stecken. Was darauf folgt, ist ein endlos

langer Fick, der aber nichts mit ficken an sich zu tun hat - es ist etwas für mich vollkommen Neues, das ich erlebe. Es ist der Raum, es ist die Stimmung, es ist die gesamte sexuelle Energie in der Umgebung - ***es bist DU***.
Zum ersten Mal in meinem Leben habe ich das Gefühl völlig frei im Kopf zu sein und keinem Drehbuch folgen zu müssen. Ich nehme dich hart, ich nehme dich sanft, eigentlich nehme ich keine Rücksicht auf dich, doch auf wundersame Weise ist es zu jeder Zeit auch genau das, was du willst, während ich in jedem Moment präsent bin.
Ich spüre Brüste auf meinem Rücken, Hände auf meinem Arsch und Zähne an meinem Nacken.
Ich ficke dich in voller Ekstase, meine Umwelt verschwimmt.
All diese Gerüche geiler Frauen in diesem Raum und ich ficke die Königin, ich alleine ...

Du hast mir diese wirklich prickelnde erotische Geschichte vor unserer letzten Begegnung geschickt. Sie fühlt sich für mich wie eine Zusammenfassung unserer gemeinsamen Erlebnisse an.
Und ein wenig scheine ich doch *deine Königin* zu sein - wenn auch nur für seltene begrenzte Momente.

Doch eine Dimension ist dir noch unbekannt.

Wie schön wäre es doch, dich auch noch in neue Sphären zu begleiten - in die Erfahrung multipler tantrischer Orgasmen, ohne zu ejakulieren. Ich weiß, dass auch dieses Potenzial in dir schlummert und du es in dem Moment erlebst, in dem du deine Kontrolle wirklich ganz aufgeben kannst, um dich nur *dem Moment im Jetzt* hinzugeben - ganz ohne Fantasien und Kontrolle über dich und die Situation.

Ja, ich bin deine Königin und noch mehr deine Lust- und Liebesgöttin, die sich deiner unbeschreiblich kraftvollen Männlichkeit so vollkommen hingibt.
Ich nehme deinen wunderschönen Penis ganz zart zwischen meine Hände, lecke ihn mit meiner Zunge, umspiele ihn dann eine Zeit lang mit Lust und Freude, um ihn bald darauf aus meinen Händen gleiten zu lassen und mich auf den Rücken zu legen. Ich will dich in mir spüren ... du dringst ganz, ganz langsam in mich ein, verharrst immer wieder kurz in der Stille, hast deinen Blick ganz intensiv und innig auf meine Augen geheftet, bist ausschließlich in der Präsenz des Moments, im Hier und Jetzt, ohne jede Fantasie in deinem Kopf. Auch ich bin nur im Jetzt, ganz im Moment mit dir. In dieser Stille komme ich zu einem sanften, doch meinen ganzen Körper zum Erzittern bringenden Höhepunkt, der jede Zelle von mir erfüllt. Mein Unterleib beginnt ungezügelt zu

beben, mein gesamter Körper zu vibrieren. Du bleibst in deiner Präsenz und spürst in dieser Stille des Moments und beinahe in Bewegungslosigkeit, wie meine nächste Welle sich aufbaut - vollkommen unerwartet nimmst du wahr, dass es bei dir ebenso geschieht. Für einen kurzen Moment willst du aus mir hinausgleiten, aus Angst mich zu schwängern ... Doch es fühlt sich anders an ... meine Beine umklammern dich in meiner erbebenden Ekstase so heftig, dass du einfach nicht auskommst ... genau in diesem Moment beginnt auch dein Körper zu erbeben - du bist vollkommen überrascht und überrollt von dieser wunderbaren tiefen Welle ... und hast erstmals einen Orgasmus, der dich nicht zur Entladung bringt, sondern deinen gesamten Körper durchströmt und mit Energie erfüllt. Du bist noch ganz verwirrt, während sich in mir die nächste Welle aufbaut und wir nun gemeinsam, in unseren Körpern tief und innig verschmolzen, von einer Welle der Ekstase zur nächsten reiten, beinahe in Bewegungslosigkeit ... ausschließlich unsere Energien und unsere gemeinsame Präsenz lassen uns das erleben. In diesen Momenten geht es niemals um ein Ziel, das es zu erreichen gilt, sondern einzig und allein um ein Eins-Sein im Jetzt.

Wir tauchen in einen einzigartigen Rausch tiefer, stiller und doch so lustvoller gemeinsamer Hingabe ein.

Wie unbeschreiblich schön, dass ich auch diese

ekstatische überdimensionale Erfahrung mit dir erleben darf.

Es wäre einfach wunderbar, dir tatsächlich noch ein weiteres Tor in eine neue Dimension der orgastischen Erfüllung eröffnen zu dürfen - ich weiß, dass du dafür offen bist, wenn du dich mir vollkommen hingibst.

Noch ein einziges Mal besteht für uns die Möglichkeit, gemeinsam diese neuen Tore der Lust zu durchschreiten.

Die Uhr tickt weiter … es wird unsere letzte Begegnung sein …
Lass es geschehen, mein wunderbarer göttlicher Geliebter, mein König in diesem Moment der Gemeinsamkeit...

Epilog

Drei Tage vor meiner Abreise bist du bei mir - es ist tatsächlich unsere letzte Begegnung …

Diesmal öffne ich dir die Türe in meinem schwarzen Cat-Suit, schwarzen High Heels und in unbändiger Lust …

Nach einem wundervollen Erleben multipler tantrischer Orgasmen, die du mir wie immer bereitest, indem ich mich dir einfach nur vollkommen hingebe, wird in mir auch wieder das lustvolle, wilde Weib wach, das mehr will. Ich bitte dich, dich auf den Rücken zu legen - gehe langsam über dir mit weit gespreizten Beinen in die Hocke, gleite auf meine Knie und lasse mich in Zeitlupe nach unten sinken, um mir deinen wunderbaren, perfekten, prallen Schwanz noch ein letztes Mal vor meiner Reise - möglicherweise für immer - in meiner Lieblingsposition ganz, ganz tief in meine pulsierende Pussy einzuführen und ihn lustvoll, zügellos und ungehemmt zu reiten …

… um ein letztes Mal mit dir den ultimativen Orgasmus zu erleben - einen vollendeten Rausch der Lust …

Ich musste mich letztendlich - wie wir beide von Anfang an wussten - von dir verabschieden, um mich auf meinen Weg in eine ganz neue Lebenserfahrung zu machen.
Unsere Zeit war begrenzt und doch so intensiv.
Mit dir habe ich alle Freuden der Lust erleben können.
Ich durfte Zärtlichkeit erfahren, in jeglicher Form meine Ekstase genießen und meine Grenzen erforschen - all das in knapp drei Monaten, in denen wir uns nicht wirklich oft begegnen konnten. Vielleicht war gerade diese Distanz und die Ungewissheit, wann du wieder kommen würdest, das, was unser Miteinander-Sein so spannend gemacht hat. Vielleicht war es die Seltenheit unserer Begegnungen, die uns die große Intensität so tief erleben ließ. Trotz all der Widrigkeiten der Umstände konnte ich mich immer auf deine Worte verlassen und dir damit von Mal zu Mal tiefer und inniger vertrauen. Ich erlebte Hingabe in einzigartiger Wonne und genoss jeden Moment. Deine Küsse, deine Hände auf meinem Körper, deine Zunge zwischen meinen Schenkeln, wenn sie sich ihren Weg nach oben und nach innen bahnte,

deinen wunderbaren, harten, pulsierenden Penis, wenn er mein Innerstes vollkommen ausfüllte, die Stille, in der sich die Wogen der Lust aufbauten, und dann immer wieder diese ungebändigte Härte, in der du mich genommen hast. Ich genoss es mit dir deine Fantasien zu teilen und sie auszuleben - auch wenn es mir dann doch nicht gegeben war, einen anderen Mann vor dir zu reiten. Und ich erlebte Erfüllung in den Momenten, in denen ich dich in neue Terrains der Ekstase begleiten durfte, um sie mit dir in ihrer ganzen Intensität auszuleben.

Ich wollte dich - vom ersten Moment an, in dem ich dich gesehen hatte - ich wollte mit dir meine ungezügelte unbändige Lust ausleben …

Jetzt ist mir erst klar geworden, warum.

Du hast mich in eine neue Form der Befreiung geführt und ich konnte in dir von Anfang an deine Männlichkeit und Kraft, doch auch so große Sanftheit und Empathie wahrnehmen und erleben.
Ich habe erkannt, dass alles tatsächlich immer nur im ***Jetzt*** geschieht und dennoch haben wir uns, wie du meintest, unendlich schöne Erinnerungen mit unseren so tiefen, innigen und lustvollen Begegnungen kreiert.

Ich danke dir für jede einzelne dieser

Erinnerungen.

Nun darf mein Leben eine neue Richtung einschlagen - jene Richtung, nach der sich mein Innerstes schon immer gesehnt hat. Ich möchte meinem Herzen folgen, ganz ohne zu wissen, was mich erwartet.
Ich werde einige Monate auf einer kleinen karibischen Insel am Meer verbringen oder vielleicht auch weiter geführt werden. Ich habe wahrlich keine Ahnung, was diese Reise mir bringen wird.

Ich werde auf diese lange Reise gehen, um von dort aus meine Weiterreise und meinen Lebensweg zu gestalten.

Nun kann ich nur mehr meinem Herzen folgen und dem Leben vertrauen, dass es mich meinen Weg erkennen lässt ... zu meinem Mann - zu jenem Einzigen, mit dem ich mein Leben teilen möchte - und zu meiner wahren Berufung ...
zu meiner lustvollen tiefen LIEBE und in mein wahrhaft umfassend lustvolles LEBEN.

Vorschau

LUST ~ volle ~ LIEBE
Band 2

In dieser Geschichte soll sich die pure Lust zu einem Erleben in wirklicher Liebe vertiefen.

Wir alle sind aus Lust empfangen worden, viele von uns auch in Liebe - so hat unser Leben seinen Ausgang genommen, so wird das Leben weiter gegeben. Im ersten Band habe ich Möglichkeiten unbändiger Lust - gelebt mit einem wunderbaren Liebhaber, verwoben mit lustvollen Fantasien - aufgezeigt.

In diesem Band meiner Trilogie wird eine aufregende, aber auch romantische Liebesgeschichte dargestellt. Magdalenas größter Wunschtraum darf sich endlich erfüllen. Sie begegnet einem Mann in einer Vollmondnacht, um mit ihm ein Jahr lang, bei jedem Vollmond, eine wunderschöne Wiederbegegnung in einem *Fest der Lust* - das jedes Mal auch mehr zu einem *Fest der Liebe* wird - zu erleben. Isaias überrascht Magdalena jeden Monat, mit einem Ticket, das sie zu ihm an einen immer anderen Platz auf diesem Planeten bringen soll. Von Paris, über Venedig, auf die Kanaren und nach Thailand, in die Weite des australischen Outbacks, in eine verschneite

Berghütte und an weitere Orte wird sie gebracht, um mit ihm Zeit zu verbringen und zu genießen. Sie muss lernen vollkommen zu vertrauen, denn zwischen den berauschenden Begegnungen herrscht Stille zwischen ihnen. Beim elften Vollmond wird er sie besuchen, beim zwölften ist sie bei ihm eingeladen. Das erste gemeinsame Jahr wird beim 13. Vollmond seinen Abschluss finden.
Was sie erwartet, weiß sie nie.
Wohin es führt, ist eine Überraschung.

LUST ~ volles ~ LEBEN
Band 3

In diesem dritten Band schließt sich ein Lebenszyklus, der mit Lust, die oftmals nur ein Ersatz für Liebe war, begonnen hat, und zu einer wahren Begegnung in wirklicher Liebe führt. Im Erkennen dieser tiefen Liebe werden nun jenem Paar, das sich nach jeweils intensiven Lebensjahren gefunden hat, die Möglichkeiten eröffnet, vielen Menschen dazu zu verhelfen, Sex in wahre Erotik und Lust in Liebe zu transformieren.

Gemeinsam werden Magdalena und Isaias Lehrer und Meister im Wesen der Liebe, die einen neuen Weg in unglaubliche Dimensionen zwischenmenschlichen Seins eröffnen soll.

Es ist der *Weg des Herzens,* der alles ermöglicht, alles sein lässt und letztlich auch in neue Dimensionen sexuellen Erlebens führt, wenn sich Menschen ganz und bedingungslos aufeinander einlassen - in tiefem Vertrauen und vollkommener Hingabe ... und vor allem in wahrer Liebe.

Erst dann ist *wahrhafte Ekstase* erlebbar.

Die beiden kreieren eine neue Form der Vermittlung tief gelebter und möglicher Einheitserfahrungen zwischen Mann und Frau, im eigenen Erleben und durch das *Leben* einer *geheiligten Beziehung,* die ich noch viel tiefer mit den Worten der englischen Sprache zu verstehen vermag - *sacred relationship.* Sie begleiten Menschen in ihren Workshops *„In LUST und LIEBE LEBEN" von Sex zu wahrer Ekstase zu „Geheiligtkeit".*

Erst so kann sich unser Leben, das den Meisten mehr zum Überleben dient, zu wahrhaft *in Lust und Liebe gelebtem Leben* entfalten und *Einheit schon auf Erden erfahren werden.*